高中思想政治课
深度学习研究

◎ 朱丽萍 著

上海教育出版社
SHANGHAI EDUCATIONAL
PUBLISHING HOUSE

序

2020 年的冬天,朱丽萍老师常常和我谈及深度学习。结合高中思想政治课,我们曾有过两个初步的讨论:

第一,关于思想政治课深度学习研究的意义。我们追问:"深度学习背景下,认知学习水平的深入与情感态度价值观学习的深入有何关系? 两者是正向相关,还是负向相关的关系?"这个问题我也曾抛给华东师范大学的研究生们。一位学生说:"这要看这位老师怎么教,如果是让学生疯狂刷题、纯粹强调认知学习,可能情感态度价值观的学习深度不会随之增长。"同学们经验层面的回答,折射了这个要点——指向深度学习的课堂教学,一定是德智融合,是落实核心素养、立德树人的必要途径。

而高中思想政治课,较其他学科承担了更多情感态度价值观教学的任务,因此,在研究指向深度学习的课堂教学研究中,研究思政课的深度学习,非常重要。这些讨论,成为我们分析思政课堂深度学习实施路径的共识和基础。

第二,关于教师学习。目前深度学习的研究,关于教师,有一个重要的观点,即教师转变角色是促成课堂深度学习的关键条件。但是目前深度学习研究文献,讨论较多的是学生这个群体。教师如何转变角色、学习和成长?

2022 年的春天,拿到朱丽萍老师的《高中思想政治课深度学习研究》,我不忍释卷,一口气读完了。我想从三个角度,分享我的阅读收获。

首先,朱丽萍老师回答了深度学习教师角色如何转变这个问题。她在《高中思想政治课深度学习研究》一书中说："深度学习是师生共同经历的一场智慧之旅。"我则既在本书的字里行间，又在她近年的教学研究探索上，看到了她的智慧之旅。学生思想政治课的深度学习的要点：真实情境、任务驱动、团队合作，也静悄悄地在教师身上发生、发展。换句话说，教师也在无意识地开展了深度学习。朱丽萍老师提到了数字故事、案例教学、单元教学、教育科研……有的是她深度学习的成果，有的则是她深度学习的途径。

其次，教师的深度学习，给思想政治课学生的深度学习带来什么？我很好奇，也很期待。《高中思想政治课深度学习研究》一书，给出了这样的探索：从学生的学习情感动机着手，讲述"如何"开展思政深度学习，新颖、新鲜的案例与理论讨论交相呼应，既能帮助新手教师快速理解上手，也有助资深教师阅读反思。

最后，作为一名思政学科教学的研究者，我常感慨：理论研究日新月异，课程改革的浪潮不断扑面而来。理论和实践的紧密融合显得特别重要。但是，大学有着深厚的理论与研究探索，很多理论和知识，却是"knowledge of teaching"（关于教学的知识），有着单向输入和传递到一线实践的味道；实则还有一种"knowledge from teaching"（来自教学的知识）。这两种知识的互动与生长，在本书中得到水乳交融的体现。深度学习、学生学习动机、探究式学习、实证研究方法工具，与思政学科教学有了深入的互动！

叶 王蓓

华东师范大学教育学部
教师教育学院

目　录

导　论

　　"深度学习"这一概念最初来自人工神经网络和计算机领域,在20世纪70年代被引入教育学,成为基础教育改革和培养学生核心素养的重要方面,并且伴随着信息技术的发展在教育中受到越来越多的重视。无论是国外还是国内学者的研究,近年来关于深度学习的研究数量总体呈上升趋势,受到很大的关注。学者们很早就发现了深度学习和浅层学习的"关键区别",并借此突出深度学习的意义和作用,即深度学习之"深度"的最重要表征是:应当能够使知识保持长久,并能运用。如今,对深度学习的探索和研究不断深入,已由索求理解演变至追求迁移,既要注重学生在学习过程中的深度参与,又要注重更高阶技能的精熟掌握与迁移应用。可以说,深度学习对于当今的教学提出了更高的要求。这一点,对于高中思想政治课来说同样如此。

　　基于此,本书把高中思想政治课中的深度学习作为研究对象,主要的研究问题是学生如何在教师引领下达到深度学习。在理论上,探讨深度学习的逻辑,包括发生逻辑、维持逻辑和促进逻辑。在实践中,研究深度学习的教学、评价和教师专业素养。首先是要注重以深度学习为基础的课堂教学,将深度学习融入单元教学、线上线下混合式教学和体验式教学,要把作业设计作为深度学习的重要抓手,要让学生在社会实践中促进深度学习。其次是要注重教学评价,注重政治性、价值性、发展性、全面性、互动性,充分运用形成性评价和表现性评价。在教师引领的过程中,深度学习也对教师的专业素养提出更高要求,

一方面,必须坚定理想信念;另一方面,必须提升专业能力。具体来说,本书主要从以下五个部分详细阐述:

第一,思想政治课深度学习概述。一方面,着重阐述思想政治课深度学习的内涵,即深度学习是在教师引领下,学生围绕着具有挑战性的学习主题,全身心积极参与、体验成功、获得发展的有意义的学习过程。这是触及学生心灵深处的学习,是深入知识内核的学习,是展开问题解决的学习。另一方面,阐述教师引领学生实现深度学习的路径,即教师可借助基于真实情境的问题教学、基于多元方法的知识整合、基于批判思维的知识学习、基于教学互动的教学评价、基于教学反思的教学改进等促进学生开展深度学习,达到深度理解和融会贯通的目标。

第二,思想政治课深度学习的逻辑。深度学习的整个过程并不是凭空出现的,也并非自然而然发生的,它需要一些因素的参与,一定条件的满足。本部分将从发生、维持和促进三个方面阐述深度学习的逻辑。从发生逻辑来说,深度学习的发生来自学生学习的主动性和教师有价值的教学情境的互动;从维持逻辑来说,深度学习的维持依赖社会实践的参与;从促进逻辑来说,深度学习的促进则来自对研究方法的学习和运用。这三个逻辑为高中思想政治课的深度学习实践提供了更为可靠的理论基础。

第三,思想政治课深度学习的教学实践。深度学习强调让学生在真实情境中通过自主学习、合作探究,主动进行知识的迁移应用和真实问题的解决。第三部分从课堂教学、作业设计、学生活动三个方面进一步阐述高中思想政治课中开展深度学习研究的具体做法,结合学生的实际,创设真实、有意义的情境,开展系列化的学生活动,将学科核心素养的培育落到实处,促进学生深度学习。

第四,基于深度学习的教学评价。高中思想政治课的深度学习评价贯穿于整个深度学习活动过程中,这一部分以深度学习目标为导向,以本杰明·布鲁姆(Benjamin Bloom)的认知目标分类法、辛普森(E. J. Simpson)的动作技能目标分类法和克拉斯沃尔(D. R. Krathwohl)的情感目标分类法为理论依据,运用调查、测验、统计分析等方法,对深度学习过程及结果做出价值判断,对深度学习目标进行反思和修订。

第五,基于深度学习的教师专业素养。促成学生的深度学习,需要教师的引领,本章节主要阐述高中思想政治课深度学习对高中思想政治课教师专业素养的要求。从新时代国家对高中思想政治课教师的基本要求以及思政学科教师本身的专业要求,到深度学习教师应该具有的素养要求,为思想政治课教师开展深度学习研究提供支持保障。

第一章

思想政治课深度学习概述

第一节 深度学习的内涵和特征

"深度学习"概念来源于人工神经网络研究和计算机领域中"机器学习"研究。20 世纪 70 年代,这一概念被引入教育领域。深度学习主要关注真实课堂,探讨学生的深度学习如何发生、如何维持以及如何促进等。由此,确立深度学习的基本模式为基于问题的学习、基于证据的学习等,探究学科教学中深度学习的发生条件,培育学生的学科核心素养。

1976 年,瑞典哥特堡大学的费伦斯·马顿(Ference Marton)和罗杰·萨尔乔(Roger Saljo)通过实验,发现了学生在课程学习过程中有两种不同的学习层次:浅层学习处于较低的认知水平和思维层次,不易迁移;深度学习则处于认知的高级水平和高阶思维,可以发生迁移。随后,他们在《学习的本质区别:结果和过程》中,正式提出了"深度学习"概念并进行了详细阐述。在他们看来,学生的学习结果之所以会产生巨大的差异关键在于学习过程中每个学生采用了不同的学习方式,即浅层学习和深度学习。浅层学习表现为:注意力集中在文本本身,对观点、知识和材料进行浅层加工,忽略深度理解,主要依靠死记硬背来完成学习,学习到的观点、知识和内容只能停留在这一阶段,难以实现融会贯通。深度学习表现为:对观点、知识和材料有较强的深加工能力,对作者提出的思想和看法能够做到深度理解和掌握,以此来完成学习,对于学习到的观点、知识和内容能够做到举一反三和融会贯通。

基于这一发现和认识,一些教育领域的学者对"深度学习"概念进行阐释。何玲和黎加厚认为,"深度学习是指在理解学习的基础上,学习者能够批判性地学习新的思想和事实,并将它们融入原有的认知结构中,能够在众多思想间进行联系,并能够将已有的知识迁移到新的情境中,作出决策和解决问题的学习"。①张治勇提出,"深度学习是一种以提高学习能力、实践能力和创新能力为宗旨的学习方式,学习者在理解知识的基础上,建立新、旧知识的有机联系,并能够灵活运用所学知识创造性解决实际问题的学习"。②付亦宁认为,深度学习的内涵涉及五大维度:第一,深度学习是以内在学习需求为动力,以理解性学习为基础;第二,运用高阶思维批判性地学习新的思想和事实;第三,能够在知识之间进行整体性联通,将它们融入原有的认知体系进行建构;第四,能够在不同的情境中创造性地解决问题;第五,能够运用元认知策略对学习进行调控,并达到专家学习程度的学习。③另一部分学者则谈到,深度学习注重运用多种学习策略,如广泛阅读、整合资源、交流思想、互动联系、知识应用等,以此实现对学习内容的理解。可以看到,学术界对深度学习的认识已有一定的共识,至少可以提炼为以下几个特征:注重学习的深度理解,注重批判性学习,注重学习反思,注重融会贯通,注重内容的联系性和结构性,注重问题解决的学习,注重理论、实践与情境的结合。这些特征可以说是理解深度学习的重要维度。

就教育领域而言,笔者认为,深度学习是在教师引领下,学生围绕着具有挑战性的学习主题,全身心积极参与、体验成功、获得发展的有意义的学习过程。这是触及学生心灵深处的学习,是深入知识内核的学习,是展开问题解决的学习。第一,深度学习是触及学生心灵深处的学习。深度学习能触及学生的根本部分,即学生的心灵。目前,进入学生的心灵深处的课堂学习比较

---

① 何玲,黎加厚.促进学生深度学习[J].现代教学,2005(5).
② 张治勇,李国庆.学习性评价:深度学习的有效路[J].现代远距离教育,2013(1).
③ 付亦宁.深度学习的教学范式[J].全球教育展望,2017(7).

少,使得课堂缺少情感的体验、思维的碰撞、智慧的刺激和意义的显现。如果我们的课堂学习没有与学生的心灵发生关联,没有进入学生的心灵世界,这样的学习就无深度可言。第二,深度学习是深入知识内核的学习。深度学习乃是更能触及本质的学习。目前,受"学习即知识获得"的传统思想观念影响,学生的学习很少深入知识内核,对知识背后的深层意义缺乏真正理解和把握,如果学习仅停留在表层知识的习得,没有深层次地去建构和把握知识所蕴含的方法、思想、思维以及价值旨趣,这样的学习只能是浅层学习。第三,深度学习是展开问题解决的学习。当人类学习发展到今天,学习的本质在于"学习即实践参与",以在问题解决中学习为实质。专注于知识获得的课堂学习模式难以让学生活学活用,也难以对学生产生更为深远的影响。课堂学习不仅仅是知识的获得,更是克服课堂学习问题的学习,是引导学生展开问题解决的学习。

第二节　思想政治课深度学习的价值追求

核心素养是学生应具备的适应终身发展和社会发展需要的必备品格和关键能力。早在 2016 年 9 月,《中国学生发展核心素养》总体框架就正式发布,其以培养"全面发展的人"为核心,分为文化基础、自主发展、社会参与三个方面,如表 1-1 所示。这三个方面又可以综合表现为人文底蕴、科学精神、学会学习、健康生活、责任担当、实践创新六大素养,具体细化为 18 个基本要点。各素养之间相互联系、互相补充、相互促进,在不同情境中整体发挥作用。

表 1-1 中国学生发展核心素养

核 心	三个方面	核心素养	基本要点
全面发展的人	文化基础	人文底蕴	人文积淀
			人文情怀
			审美情趣
		科学精神	理性思维
			批判质疑
			勇于探究
	自主发展	学会学习	乐学善学
			勤于反思
			信息意识
		健康生活	珍爱生命
			健全人格
			自我管理
	社会参与	责任担当	社会责任
			国家认同
			国际理解
		实践创新	劳动意识
			问题解决
			技术运用

可以看到,这六大核心素养包含了学生发展的所有重要维度,是学生成长、成熟的必备能力。思想政治课深度学习能帮助学生发展这些核心素养。责任担当和实践创新两个素养可通过真实情境的问题教学等来逐步提升,通过社会层面、国内层面和国际层面的情境设置,帮助学生们发现问题、提出问题、分析问题、解决问题,并运用技术和工程思维进行改进和优化。在真实情境和实践参与中,也能够提升自身社会责任和国家认同,加深对世界各国的理解,推崇共商共建共享的理念,推进共同体建设。人文底蕴和科学精神可通过基于批判思

维的知识学习和基于多元方法的知识整合等来逐渐获得,社会科学的知识积累,既需要广泛的阅读和学习,更需要拥有批判思维,学会质疑,热爱探究,能够独立思考和独立判断,通过辩证分析和多元的方法来看待问题,做出选择。人文底蕴的培养,同样需要掌握多元方法理解各类文化,真正心怀以人为本的价值理念,通过艺术和创意性的表达实现文艺的多样性和美感的提升。学习和生活同样如此,有效的学习和健康的生活来自多元维度的积累,包括深度学习中涉及的各个方面,问题意识、批判思维、多元方法、教学互动、学习反思等,通过理解性学习、论辩性学习、互动性学习、实践性学习、批判性学习、反思性学习,对学习产生正确和积极的价值观,并且推动学生形成终身性的学习意识和能力;在课堂与实践的互动中,在深度学习的影响下,也能让学生真正理解生命的意义和价值,培养学生正确的世界观、人生观、价值观,培养学生积极、乐观、自信、自制的健全人格。所以说,深度学习指向核心素养的培育,也是核心素养培育的过程和路径。崔友兴提炼了深度学习与核心素养培育的关系,即:学生发展核心素养是深度学习的重要旨归,深度学习是核心素养培育的重要路径之一,深度学习体现了学生的核心素养。可以说两者是相互交织在一起的。①

就思想政治学科的核心素养而言,《普通高中思想政治课程标准(2017年版2020年修订)》明确指出,核心素养是学科育人价值的集中体现,是学生通过学科学习而逐步形成的正确价值观、必备品格和关键能力。思想政治学科核心素养,主要包括政治认同、科学精神、法治意识和公共参与,这四个方面不是孤立存在的,是一个有机整体,在内容上相互交融,在逻辑上相互依存。通过思想政治课程的学习,培养学生的思想政治学科的核心素养。

---

① 崔友兴.基于核心素养培育的深度学习[J].教育探究,2019(2).

第三节　思想政治课深度学习面临的挑战

中国特色社会主义进入新时代，全面深化改革正处在攻坚克难的关键阶段。在全面建成小康社会后，中国将开启全面建设社会主义现代化国家的新征程。如何实现中华民族伟大复兴的中国梦，需要凝心聚力，需要凝聚中国力量、弘扬中国精神、坚持中国道路；需要巩固马克思主义在意识形态领域的指导地位。在这一背景下，思想政治教育工作的重要性越来越突出，深度学习的地位和作用也越来越重要。深度学习者主动地参与学习过程，在批判性学习中获得对内容的理解，掌握学习内容不同部分之间的结构和关系，整合所学内容，将其转变为关系图示或理论框架①。思想政治教育质量提升的关键在于改善学生学习成效，以便学生获得新时代所需的技能。这些技能包括品格养成、公民意识、批判性思维、复杂性问题解决能力、创造性思维和想象力。获得这些技能需要发展更加丰富的个性化学习，而不仅仅是获得基础知识，因此思想政治教育需要从浅层学习转换到深度学习。不过思想政治课的深度学习也面临一些挑战，这些挑战既在个人认识层面和个人知识层面，也在教学效果层面。

一、来自个人认识层面的挑战

新观念、新行为、新技能和新意义的获得取决于师生伙伴关系的耦合程度。新教育时代的深度学习正转换着师生关系，不仅存在着"前喻学习"，即学生向教师学习，而且在技术的催化下，教师向学生学习的"后喻学习"也快速涌现。

---

① 詹青龙，顾小清.信息技术教师培训的新思维[J].中国电化教育，2007(7).

学生掌握了新的知识和技能并传递给教师,教师的"教学舒适模式"(以讲为主)受到冲击。在深度学习中,教师与学生、学生与学生、学生与课程、知识习得与能力培养、学科知识学习与品格养成及情感需要,不再二元对立,而成为一个有机的统一体。思想政治课教师不同于其他学科教师,不仅担任着思政学科的教学任务,而且也是国家意志的传播者。

因此,思想政治课教师要有扎实的教学知识、过硬的教学技能,特别是政治觉悟要高、政治意识要强、政治立场要坚定,要严守政治纪律和政治规矩,牢固树立"四个意识",增强"四个自信",不断提高对思想政治课重要性的认识,以忠诚、积极、自信的姿态去上好每一堂思想政治课。这也是促进教师和学生开展深度学习的前提条件。作为对学生的理想信念打下深厚基础的思想政治课,只有其教师保持政治清醒,明辨是非,坚持正确政治方向,坚持马克思主义信仰,坚持社会主义信仰,坚持共产主义信仰,做到课上课下一致、网上网下一致,弘扬主旋律,积极传递正能量,才能使这种理想信念在学生心中生根发芽,使学生对党和国家的理解更加深入,使学生对教材所教授的内容更加认同,才能正确引导学生坚定理想信念,使其自觉实践思想政治课教师所教授的内容。可以说,忠诚、积极、自信给了思想政治课教师上好思想政治课的底气,使思想政治课坚定有力,富有感染力,也能真正激发和维持学生的深度学习。如果缺乏这些前提条件,深度学习就难以展开。

二、来自个人知识层面的挑战

新时代,教师需要具备复杂的教学能力,掌握不同的教学策略,能够对学生的学习进展进行持续评价,这是深度学习对教师提出的知识层面的挑战。思想政治课教师不仅要教书更要育人,还要精通马克思主义基本原理、基本观点,要用习近平新时代中国特色社会主义思想铸魂育人。可以说,要开展深度学习,首先就对思想政治课教师的知识面和专业性提出了更高的要求,思想政治课教师需要有扎实的知识功底,并且结合综合性与专业性的知识素养。在深度学习中,思想政治课教师必须与学生构成协同学习的关系,教师在这些合作中的作用,远远不止是为学生介绍、解释内容或主题,它涉及重视超越眼前的认知成就;学生在学习过程中更加积极主动地学习,并在过程中发出自己合理的、有效的声音,领导自己的学习。

就综合性而言,当今世界,各个学科蓬勃发展,各类交叉学科和边缘学科也在兴起,创新和突破往往来自对多个学科的理解和把握。思想政治课与其他学科相比的一个显著特点就是涵盖范围更加广泛,涉及多门学科,对教师的综合素质要求很高,对形势快速发展的把握能力也提出很高要求。因此,思想政治课教师需要拥有广阔的知识视野,形成全面的学科认知,对政治、经济、文化、社会、哲学等各个层面有一定的了解;要有国际视野,了解不同国家的知识共性和差异;紧跟时代步伐,对知识的发展趋势有一个准确的把握。作为思想政治课教师,应有广博的知识维度,不能只满足于思政学科的知识,满足于教科书上的内容。没有对各类知识的触类旁通,就难以培养出具有综合素质的学生,无法适应现代思政教育工作的需要。思想政治课教师如果不能做到整合学科知识和使用多元方法,难以做到对知识和方法的深度理解,那便很难促进学生的深度学习。

就专业性而言,思想政治课教师除了要具备知识功底,还要具备较强的学术功底,在某些领域具有一定的专业科研能力,并善于运用多元的研究方法提升研究质量。教学与科研并不是二元对立的关系,而是相互促进、相互影响、相辅相成、协同共进的关系,课堂教学为科学研究提供了丰富的素材和宝贵的实践资源;科学研究将特殊性转化为普遍性,将多元抽象为一般,实际上是一个知识不断积累的过程,为教师上好思想政治课提供了必要的理论基础。对思想政治课而言,科学研究的成果最终是要转化为教学的输出体系,在课堂上接受学生反馈的检验。思想政治课教师要想在教学上出彩就必须在研究中出色。为此,思想政治课教师要有学术意识和专业意识,能够将教学和科研活动结合起来,主动在教学的基础上从事科研活动,在实践的特殊性中挖掘和探索理论的普遍性,进而提高科研素养,这是提升课程质量的重要路径,也是促进学生进行独立思考、发现问题和批判式学习的教学基础。

三、来自教学效果层面的挑战

思想政治课是一门进行马克思主义基本观点教育的课程,是科学性与意识形态高度统一的课程,既要给学生传递科学的理论、思维、方法与精神,更要使学生树立正确的世界观、人生观、价值观。思想政治课承载着鲜明的价值观内容,具有思想引领与价值导向的重要作用。思想政治教育本身需要很强的责任心,它担负着国家稳定、意识形态建设与思想精神凝聚的重任。然而,如何使思想政治课承担起这一重任,如何在思想政治课中融入这些教学使命,如何达到思想政治课应有的效果,如何促进学生对思想政治课的深度理解,这对思想政治课的课堂教学提出了更高的要求。

从课堂教学来说,在一些思想政治课教学中,教师往往更注重知识点的传授而对教学方法的研究略有疏忽。有些教师在教学过程中稍显呆板、无趣,语言表述缺乏吸引力。在课堂讲授中,有的教师还存在着照本宣科的情况,存在缺乏理论深度、资料掌握不准、阐释不够充分的情况,存在考核、实践环节流于形式等情况。此外,思想政治课教材内容较多、知识跨度较大、部分内容理论性较强,这些都会使学生产生思想政治课的学习就是死记硬背的刻板印象,缺少主动学习的激情,很难实现思想政治课想要达到的课堂的效果。对于教师来说,要让"水课"变"金课",让思想政治课既有深度又显灵活,让学生真正喜爱这门课,积极参与课堂,主动提出问题,终身受益、毕生难忘。这些任务还很艰巨,要走的路还很长,面临的挑战还很大。

从实践教学来说,思想政治课由于涉及的大多是政治、经济、哲学、文化等内容,如果教师只注重知识点传授或照本宣科,容易让学生感觉脱离现实生活,过于抽象化、教条化,枯燥无味,甚至会在日常生活中产生一些错误的认识。为此,新时代的思想政治课不仅要在教室里进行,也要在草坪和田野中进行,这就对思想政治课教师紧密结合理论与实践的能力提出了更高的要求。一方面,思想政治课教师要有将知识与理论、实践融会贯通的能力,善于举例,善于比喻,善于化繁为简,善于将复杂的、抽象的理论知识转化为简单的、具体的社会实践,善于用学生易于听懂的话语来阐述书本的内容,善于将国家的大政方针内化为朴实的语言。另一方面,思想政治课教师要学会运用多种方法进行教学,走出课堂,走进生活,强调学生们的主观感受。其中,劳动教育是思想政治课内容的重要组成部分。要让思想政治课中的劳动教育成为使理论观点与生活经验、劳动经历有机结合的关键节点,形成思政教育与劳动教育的协同效应,通过更多的社会参与、社会实践、社会活动激发和增进学生的深度学习,特别是激发学生的理解性学习、论辩性学习、互动性学习、实践性学习、批判性学习和反思性学习。

第二章

思想政治课深度学习的逻辑

第一节　深度学习的发生逻辑

深度学习的发生不是凭空出现的,也并非自然而然发生的,而是需要一些因素的参与,一定条件的满足,从而形成深度学习的发生逻辑。在这一逻辑中,最主要的参与者就是学生和教师。从学生的角度而言,深度学习的发生需要学生拥有学习的主动性,而这来自兴趣爱好和发展需要;从教师的角度而言,深度学习的发生需要教师创设有价值的教学情境,引发学生的学习兴趣、主动性和积极性。总而言之,深度学习的发生根本上来自(学生)学习的主动性和(教师)有价值的教学情境的互动。

一、学生的角度

兴趣爱好和发展需求能够促进学生深度学习的发生。爱因斯坦曾说:"兴趣是最好的老师。"学生本身有了特定的兴趣爱好,就会主动去学习、积极去学习、抓住一切机会去学习,并真正在学习中有所收获。如果学生本身就对学习没有兴趣,那么深度学习在起点上就难以发生。当然,激发学生学习主动性的兴趣和爱好可以来源于很多方面,可以将其归纳为三点。其一,来自学生的天性。比如,一些学生从内心里就喜欢绘画,或喜欢历史,或喜欢数学……这种对某一行业或事物的喜爱并没有太明确的原因。其二,来自环境的熏陶。环境的熏陶是后天生成的,并非天生的因素,或者更准确地说,后天因素比先天因素更为重要一些。孩子从出生到成为一名学生,一直会受到各种环境因素的影响。

从直接的影响来说，许多父母会主动培养孩子的学习兴趣，从小对孩子有所熏陶；从间接的影响来说，孩子很容易看到和学习父母的行为，这也会自然地影响着孩子的兴趣。其三，来自教师的激发。教师也是激发学生兴趣的重要来源。这一因素对于有些学生可能比家庭环境更为重要。深度学习的过程是学生主体性、积极性和能动性高度彰显的过程。为此，促进学生深度体验、走向深度学习需要教师创设活动，引导学生在兴趣中积极地参与实践。"将符号化的知识'打开'，将静态的知识'激活'，全身心地体验知识本身蕴含的丰富复杂的内涵与意义。这样的过程，便是学生主动'探索''发现''经历'知识形成过程的过程，是学生的深度学习的机制。"①此外，就发展需要来说，学生希望今后从事的行业能够对学生的兴趣激发产生重要影响。这些拥有特定发展需要的学生向教师提出的问题也往往角度独特、内容新颖，从中可以看出其学习已经自发地超越了事实性知识的简单记忆。这说明理想是人前进的动力，是深度学习发生的催化剂。

二、教师的角度

就教师而言，促成深度学习的发生需要创设有价值的教学情境，这本身也是激发学生学习兴趣的重要方面。这里的"价值"既能体现学科品质，又能对学生后续学习和发展具有促进作用，这种价值表明教学以人的成长为旨归。②这一点，对于思想政治课深度学习的发生来说尤其重要。毕竟，学生对思想政治课的学习兴趣一般很难天生形成，也很难从遗传因素获得。即使有，也基本局限于有限的学生中。从发展需要来说，高考、考公务员、考研究生等因素虽能够成为学习思想政治课的一个兴趣动机，但很多时候是被动的，再加上这门学科的知识内容与学生的日常生活的距离与其他学科相比要远一些，要让学生产生

① 郭华.深度学习及其意义［J］.课程·教材·教法，2016(1).
② 徐广宇.深度学习：政治课教学的应然追求［J］.思想政治课教学，2018(5).

学习兴趣并开展深度学习并非易事。此时,发挥教师的主观能动性,让教师创设有价值的教学情境,以此激发学生的兴趣和学习的主动性就显得尤为重要。因此,思想政治课深度学习的发生对思想政治课教师提出了更高的要求,需要思想政治课教师发挥更大的作用。

2019 年 7 月,中共中央、国务院颁布《关于深化教育教学改革全面提高义务教育质量的意见》,提出"融合运用传统与现代技术手段,重视情境教学"。在此背景下,《普通高中思想政治课程标准(2017 年版 2020 年修订)》中明确强调,思想政治课教学中运用情境创设对涵养学生的学科核心素养具有重要作用。因此,在思想政治课教学中运用有价值的教学情境进行教学是很有必要的。在授课时,可以让学生思考:假如自己是一位居委会的工作人员,如何向居民宣传垃圾分类;遇到不听劝告的人,该如何劝导。在这一过程中,教师可请学生在课外了解垃圾分类,了解湿垃圾在经过一系列环节后进行发电的过程的相关知识,把经济发展、绿色环保、法治等知识融入其中,从而得出绿色环保也是经济发展重要组成部分的观点。又比如,在讲到"社会主义市场经济体制"时,可讲述改革开放初期"傻子瓜子"的故事。在讲述这一故事的过程中,就能够引出计划经济与社会主义市场经济的差异,并引出社会主义市场经济的优越性等知识点。在阐述"法治国家"的内容时,如果直接地提问:"法治国家有哪些特点?"学生们很可能会不知所云或随意回答。但如果教师问:"假如你是《民法典》的起草者,你需要考虑哪些因素和条件?"这就会引发学生们的讨论热情,并且从多个角度进行思考和回答。可以看到,深度学习的发生,不仅是教学情境的创设,也是问题导向和问题驱动式的,旨在触发学生内心的深层动机。

一般来说,情境教学蕴含两难命题时,更能够激发学生思考的兴趣并使学生有所启发,理解知识的深刻意义。比如,在讲到"国家财政"时,课程内容为"税收是国家财政收入的最主要的来源,税收也是国家经济建设的重要资金来源。但是,税率的高低也会影响到企业的进一步发展,增加企业负担,并且中国也在推动结构性减税",此时,教师可提出问题:"假如学生是政府工作人员,应该为企业制定怎样的企业所得税率?"类似地,在讲到"社会保障"时,内容为"社会保障对于职工来说非常重要,是一项基本的保障。但是,保障条件的高低也会影响企业的生产成本和产品的竞争力",此时,教师可提出问题:"应该如何制定养老金缴纳比率,应该如何制定每年的最低工资标准? 在制定比率和标准时需要考虑哪些因素?"又比如"人工智能可以大幅提高生产效率,但也不可避免地使更多工人失业。企业是否该在工厂中使用更多的机器人? 而政府又该如何规划和指导人工智能的发展?"这类具有矛盾性质的问题,这能够促使学生对关联知识产生深度思考,进行比较式的探索和研究,有助于深度学习的发生。可以看到,情境教学往往采用开放式的问答,这些题目没有固定的答案,有助于学生从多个角度进行思考、研究和论证,求得答案的相对合理性。当然,情境教学也可采用追问的方式,引发学生不断地思考。

第二节   深度学习的维持逻辑

如果说,深度学习的发生有赖于学生的学习主动性和教师对有价值的教学情境的创设,那么,要维持深度学习,就需要另外一些条件,其中最重要的就是社会实践的参与。实际上,思想政治课是一门与每个人的生活紧密相关的课程,思想政治学科致力于教育、生产劳动和社会实践相结合,着眼于学生的真实生活和长远发展,使理论观点与生活经验、劳动经历有机结合,让学生在社会实践活动的历练中、在自主辨析的思考中感悟真理的力量,自觉践行社会主义核心价值观,这也是活动型学科课程的显著特点。如果说,理论教学重在阐释理论的真理性,解释理论"是什么"的问题,实践教学则重在体验感受理论的有效性,揭示理论"怎么样"的问题。思想政治课社会实践是思想政治课理论学习的重要延伸,对于促进学生了解社会、了解国情,增强理论与实践结合能力,强化对理论知识的认知和认同,锻炼实践能力,培养毅力意志,增强社会责任感有不可替代的重要作用。在情境创设和问题驱动的引导下开展广泛而深入的社会实践,有助于深度学习的持续和巩固。

《普通高中思想政治课程标准(2017 年版 2020 年修订)》指出,校外社会实践活动为教学提供了更广阔的空间、更丰富的资源、更真实的情境,是实施活动型学科课程的社会大课堂。开展社会实践活动,要从学生的成长需要出发,注重通过乡土资源的开发与利用,丰富教学内容,加深学生对社会的认识与理解。不过,当前思想政治课的社会实践还存在不少问题。其一是形式单一。在实际过程中,学校往往只采用假期实践这一种方式,并只要求学生提交一份调查报告,不会组织专家或教师对这样的社会实践活动进行研究或评析。其二是保障有限。由于学校对思想政治课社会实践的重视程度有限,对于社会实践的教学管理办法不足,很难提供专业的指导和充分的经费保障。其三是与课程内容脱节。学校组织的社会实践有时很难与思想政治课的书本知识相关联,有时存在"眉毛胡子一把抓"、五花八门、参差不齐的情况,表面上看是丰富多彩,实则难以达到思想政治课社会实践的目的。其四是效果有限。正是由于以上情况的存在,学生要从社会实践中真正产生对书本知识的深度理解是比较困难的。实际上,学生是否真的去调研了、到哪里调研、如何调研、如何写出调研报告等诸多问题,教师很难真正掌握,思想政治课社会实践的意义和目的也因此很难彰显。社会实践对于深度学习的维持至关重要。如果教师对教学情境进行创设,学生也产生了学习主动性,却没有很好的社会场景去参与和感受,深度学习就可能发生中断,深度学习的效率就可能降低。如果学生不能够获得很好的切身体验,那么也无法充分理解,很难在真正意义上实现从对书本知识的理解迁移到对实践知识的理解。

　　思想政治课社会实践是非常丰富的,包括志愿服务、社会调查、专题访谈、参观访问,以及各种职业体验等。而这些实践活动需要密切联系思想政治课教材的知识和内容,与培养学生的政治认同、科学精神、法治意识和公共参与等核心素养相结合,以强化学生的深度学习为目标。举例而言,若以"中国为什么能"为议题,探究只有中国特色社会主义才能发展中国的道理,那除了讲述党的十一届三中全会前后几年的历史和故事,突出实现伟大历史转折的意义之外,还可以让学生浏览国家统计局网站,学习和整理 1978 年到 2021 年我国经济社会各领域的数据变化;参观上海城市规划馆、上海世博会博物馆、浦东开发陈列馆等,了解上海的经济发展和变化;参观上海科技馆、上海隧道科技馆、中国科学院微小卫星创新研究院、上海航天技术研究院等,了解中国的科学技术发展。此外,还可让学生在参观过程中讲述从小到大过程中自己的生活发生的变化。通过一系列的参观和社会学习,让学生了解改革开放以来中国和上海发生的巨大变化和我国社会主要矛盾的变化,理解中华民族从站起来、富起来到强起来的伟大飞跃以及中国强大的生机和活力。

　　又比如,为深入理解"协商民主的优势",探究中国政党制度的特色以及协商民主的意义和价值时,一方面,可以带领学生走访本地的政协委员,请政协委员谈一谈本地的社会热点问题、他的立场及应对措施,以及他参加政协会议并积极建言献策的故事。另一方面,可参观一些基层立法点。比如,习近平总书记 2019 年考察过的长宁区虹桥街道古北市民中心,这一中心是全国人大常委会法工委、上海市人大常委会基层立法联系点,也是全国首批四个基层立法联系点之一,是唯一设在城市街道一级的联系点。截至 2021 年 3 月,虹桥街道基层立法联系点共完成 55 部法律超过 1000 条意见建议的征集上报,其中 72 条建议已被全国人大所采纳。学生通过对这些地方的参观学习,能对中国的协商民主有更多的切身感受。学生对于中国全过程人民民主的理念,治理体系与治理能力现代化,社区共治格局,立党为公、执政为民的执政理念,科学立法、民主立法、依法立法等有更加深入的把握和理解。通过这一学习,也让学生对教材上的其他议题,如"人民当家作主""公民参与立法的意义和途径""增强政府的公信力和执行力""法治让生活更美好""法治国家、法治政府、法治社会"等有了更充分的了解。

第三节　深度学习的促进逻辑

深度学习意味着学生开展更多自主思考和自主研究,要求学生对研究方法有一定的了解和掌握。如果学生不能够掌握和运用一些研究方法,那么,对很多问题的研究和分析就缺乏可信的支撑和有理的依据。可以说,对研究方法的学习和运用对于教师和学生在课堂上和社会实践中的深度学习能够起到促进作用。因而,深度学习的促进逻辑来自对研究方法的学习和运用。

有很多研究方法可以促进思想政治课的深度学习,例如文献研究法、定量研究法、比较研究法、案例研究法等。

文献研究法是研究者依据研究问题和研究目的,通过查找各类文献资料来获得有用信息的一种方法,被广泛地应用于各个学科的研究中。对于学生而言,无论是课堂学习还是社会实践,在研究问题的过程中,都需要充分地查找和翻阅文献和资料,以期获得充分的论证。例如,如需回答"哪些因素促成了中国的改革开放?"学生就必须翻阅《中国改革开放史》《中华人民共和国史》《邓小平文选》《邓小平讲话实录》等文献和资料进行研究。在翻阅和研究过程中,教师可以提醒学生尤其注重 1976 年到 1978 年党的十一届三中全会这一段时期中几大重要事件的搜索、整理和归纳,包括平反冤假错案、真理标准问题大讨论、恢复教育科学工作、积极的外交工作、1978 年 7 月至 9 月的国务院务虚会、

1978 年 11 月至 12 月的中央工作会议等。因为这些重大历史事件均是伟大历史转折的准备。在课本之外，广泛地阅读文献和材料，更好地运用文献分析法对于深度学习是重要的。

定量研究法也称量化研究法，是通过实验、观察和数量化资料，对某种社会现象进行数学统计的过程，使研究结果具有普遍适应性的一种方法。这一方法的目的在于发现人类社会的一般规律，并力争做出一个普遍性的解释。例如，如需回答"近 20 年中国产业结构的变化是怎样的？哪一产业对国内生产总值的贡献率最大？"学生就必须借助数据进行分析和回答。首先，学生需要了解产业结构，即农业（第一产业）、工业（第二产业）、服务业（第三产业）在国内生产总值中的占比。其次，学生需要从国家统计局网站找到近 20 年三大产业占比的具体数据以及三大产业分别对国内生产总值的贡献率数据。最后，要对 20 年的数据进行分析得出结论，即：近 20 年，农业和工业在国内生产总值中的比重均呈下降趋势，2020 年分别仅占 7.7％和 37.8％；服务业在国内生产总值中的比重基本上呈逐年上升趋势，2015 年后均超过 50％，2020 年达到 54.5％。如果进一步提高要求，还可提醒学生发现其中的交汇点，即：2012 年后，服务业占国内生产总值的比重开始超过工业，成为中国最大的产业。从各产业对国内生产总值的贡献率来说，根据国家统计局数据，2002 年到 2013 年，贡献率最大的是工业，2014 年开始贡献率最大的均为服务业，并且在 2015 年到 2019 年远大于工业。通过对一系列数据进行查找、搜索、比较和分析，既能够培养学生的逻辑思维，又能够让学生更加直观地感受中国经济社会发生的变化。定量研究法是学生需要掌握的一项重要研究方法，能够为开展深度学习和深度研究提供动力和便利。

比较研究法是对两个或两个以上的事物或对象进行对比，找出它们之间的相似性与差异性，以达到认识事物的本质和规律的一种研究方法。在比较一个较为宏观的问题时，可能还需要先列出一个研究框架。比如，以"比较各国不同的政治制度"为议题进行研究,首先,需要确定研究的国家,如中国、美国、日本、英国、俄罗斯、瑞士、乌兹别克斯坦、菲律宾、马尔代夫、南非、巴西、巴布亚新几内亚等。在设定研究对象时,要尽可能具有代表性,要包含各个洲的国家;既有大国,也有小国;既有发达国家,也有发展中国家;既有社会主义国家,也有资本主义国家;等等。其次,确定比较哪些具体的政治制度,如国家结构、政党制度、选举制度、政体。再次,确定每个具体的政治制度中包含哪几个分类,例如,国家结构有单一制和复合制等,政党制度有两党制、多党制、中国新型政党制度等。最后,查阅每个国家的材料,将其按照各个类目进行分类,形成一张总体的图表,展现不同国家的政治制度。实际上,比较分析法很多时候用来解释不同的社会现象。比如,探究"哪种政治制度的国家经济发展最好?"时就需要进一步研究,把各国的经济发展数据进行整理和归纳,考察各国政治制度与经济发展的可能存在的相关性。

　　案例研究法是结合具体实际,以典型案例为素材,通过连续观察和调查研究其行为发展变化过程的一种研究方法。例如,要回答"自由贸易区的建立为我国企业'走出去'带来哪些便利?"时,就需要对自贸区进行考察。从 2013 年 9 月上海自贸试验区正式挂牌以来,经过中央和国务院批准的自贸试验区已经有 21 个,所涉及的区域也由当时的上海逐步扩展到了东部沿海地区、中西部地区以及沿边地区,覆盖范围进一步扩大,成为了中国改革开放的新高地。为更好地回答这一问题,教师可提醒学生选择其中一个具有典型性的自贸区进行跟踪研究,如搜集中国(上海)自由贸易试验区的基本材料和素材,走访这一自贸试验区并与自贸区负责人和企业负责人进行交流沟通,以此从审批程序、金融配套服务、税收政策、营商环境等方面得出自己的结论。总之,对不少问题的回答,案例研究是基础,也是第一步,也是促进学生进入深度学习的技术途径。通过对某一个典型案例进行翔实的案例分析,能够得到一个初步的结论,为进一步论证这一结论的正确性,可继续进行多案例的分析,对初步的结论进行验证或补充。

　　实际上,学生在研究一个问题时,会涉及多种方法的综合运用。因此,对研究方法的学习对于学生开展深度学习能够起到促进作用,而对于培养学生的核心素养,特别是培养科学精神是很有帮助和益处的。

第三章

思想政治课深度学习的
教学实践

第一节　基于深度学习的课堂教学

深度学习强调教育的理解性和联系性,强调学科、专业之间的整合学习,强调思维和学习是一个系统的过程,它能使学习者获得系统性知识、批判性精神、创造性思维等,是一种充分挖掘个人潜能以培养完整人格的学习。学生进行深度学习需要多种因素配合,其中一个就是教师在创造学习条件中的作用。大量证据表明,教师可以通过教学与评价影响学生的行为,并很可能影响其教育目标。[①]深度学习与传统的外部灌输、被动接受、知识符号的浅层学习相比具有明显特征,主要体现在:强化情感驱动的非认知学习,立足于真实情境的问题解决,侧重于挑战性内容和高阶思维能力的学习,学科内和学科间的整合性学习,突出深度思辨的思维指向。高中思想政治课的课堂教学应该是基于综合性活动型学科课程的单元教学,基于真实情境的线上线下混合式教学,基于高质量问题的体验式教学,从而真正实现学生的深度学习。

一、单元教学

(一)背景

单元教学是按某种标准将一类内容作为整体进行教学设计并实施的教学

---

① Louis, M. R., Amy, K. R., Thomas, F., Nelson Laird. College Seniors' Plans for Graduate School: Do Deep Approaches Learning and Holland Academic Environments Matter? [J]. Res High Educ., 2015(56).

方式。深度学习的发生需要整体把握核心内容,并且凸显学科内容本质。深度学习的内涵要求与单元教学设计之间有着密切的关系。深度学习引领单元教学,单元教学促进深度学习,深度学习与单元教学共同助力思想政治课学科核心素养的培育。

《普通高中思想政治课程标准(2017 年版 2020 年修订)》指出,高中思想政治课程是理论知识与生活关切相结合的活动型学科课程。学科内容采取思维活动和社会实践活动等方式呈现,即通过一系列活动及其结构化设计,实现"课程内容活动化""活动内容课程化"。系列化的活动以及结构化的设计,需要以单元教学的方式来实现。

(二)内涵

高中思想政治课单元教学设计是在新课改的前提下,以单元为基本单位,聚焦单元议题,整合教材内容,从而设计出符合学生发展的整个教学过程。同时,单元教学设计又是以单元结构教材为依据,践行课程标准,提升教学效果的有效方式,从而促进深度学习。思想政治课的单元教学需要教师关注课程标准、关注教材教法和学情分析,重视课程实施的整体性和系统性,从整体上统筹规划学生学习需要结构的核心知识、关键能力和必备品格。思想政治课教师在落实单元教学的过程中,需要精简教学内容,以单元为教学设计与实施的基本单位,将教材内容转化为教学内容。融会贯通是整合教学内容的一项重要本领。融会贯通既体现为教学内容的结构化,即以课程标准为准绳,整合各册教材和教学单元之间的内在逻辑关系,也体现为知识储备的结构化,即对政治、经济、文化、哲学等各个领域均具有一定的知识基础。思想政治教师应能够以结构化的知识基础对教学内容进行结构化,使教材真正成为实现具体教学目标的教学素材的一部分。这样从整体上统筹规划学生学习需要的核心知识、关键能力和必备品格,促成学生深度学习的达成。

（三）案例

在深入研读统编教材的基础上，笔者以单元议题为引领，开展单元规划、单元目标设计、单元议题设计、单元情境设计等，开展单元教学实践探究。以统编教材必修 2《经济与社会》第一单元《生产资料所有制与经济体制》为例。

1. 单元规划分析

本单元主要讲述中国特色社会主义经济建设中的基本原理，即我国经济社会建设的基本经济制度与经济体制。这里所说的经济制度是指我国公有制为主体、多种所有制经济共同发展的基本经济制度，经济体制是指社会主义市场经济体制。经济制度与经济体制是对我国经济社会建设所处的基本制度环境与经济体制背景下的介绍，侧重于静态观察。

多年来，我们一直把公有制为主体、多种所有制经济共同发展作为基本经济制度。十九届四中全会指出，把按劳分配为主体、多种分配方式并存，社会主义市场经济体制上升为基本经济制度。目前，我国的基本经济制度有三项，本单元主要介绍两项基本经济制度，即公有制为主体、多种所有制经济共同发展和社会主义市场经济体制。它们相互联系，公有制为主体、多种所有制经济共同发展的基本经济制度是社会主义市场经济体制的根基；但两者又有区别，虽然都属于静态观察，但观察的角度、研究的问题是不同的，前者主要研究我国的所有制问题，后者研究我国的资源配置问题。

在此基础上，我们将本单元的教学内容进行了调整，拆分为两个学习单元，单元一主要学习《我国的生产资料所有制》，单元二主要学习《我国的社会主义市场经济体制》。

2. 单元教学设计

学习单元一　《我国的生产资料所有制》

（1）单元学习规划本单元主要探究这一经济制度的优越性及新时代意义，安排了 3 课时的学习任务，如表 3-1 所示，详见附件 1—3。

表 3-1　学习任务

课　　时	核 心 议 题
第 1 课时	坚持公有制为主体、多种所有制经济共同发展
第 2 课时	坚持"两个毫不动摇"
第 3 课时	发展壮大农村集体经济

主题"坚持公有制为主体、多种所有制经济共同发展",讲述我国这一基本经济制度;"坚持'两个毫不动摇'",讲述如何坚持和完善这一基本经济制度;主题"发展壮大农村集体经济",实践探索农村集体经济。三者的逻辑关系是:由认识基本经济制度到坚持完善这一基本经济制度,再到实践考察,深入认识和体验这一基本经济制度,体现从理论到实践、从思想到行动的逻辑关系,有助于学生逐步深入理解和认同我国的基本经济制度,从而坚定中国特色社会主义制度自信。

(2)课程标准分析

依据《普通高中思想政治课程标准(2017 年版 2020 年修订)》制定以下内容:

① 学科核心素养。本单元的学科核心素养培育,是在政治认同、科学精神、法治意识、公共参与四者有机统一的基础之上,着重指向政治认同,即在一定的政治生活和政治发展中所产生的情感和意识上的归属感,主要包括对国家道路的认同、理论认同等;着重指向科学精神,即在认识世界和改造世界的过程中表现出来的一种精神取向。

政治认同素养:认同我国公有制为主体、多种所有制经济共同发展的经济制度,坚定中国特色社会主义制度自信,坚定中国特色社会主义信念。

科学精神素养:用马克思主义哲学的基本原理,观察和理解经济现象;用相关的科学方法,说明市场经济体制运行的意义和基本原则。

② 学业质量水平。学业质量是学生在完成本学科课程学习后的学业成就表现。思想政治学科学业质量水平分为 4 级。

③ 主题学业要求。通过本模块的学习,学生能够结合社会实践活动,运用中国特色社会主义政治经济学的基本观点,观察和分析经济社会现象;了解社会主义基本经济制度的优越性;树立诚信经营、合法经营、公平公开公正竞争的观念;提高参与经济生活的能力。

(3)单元学习目标

① 说明公有制为主体、多种所有制经济共同发展的基本经济制度形成和确立的原因,阐释坚持公有制主体地位、发挥国有经济主导作用的必要性和重要性,及其对新时代经济发展的现实意义。

② 论述国有企业推行混合所有制经济改革的意义,以及国家国有企业的改革方向和政策措施。

③ 走进新农村,开展社会调查活动,考察农村经济的发展状况及趋势,分析其原因,提出针对性的措施与建议。在调研中,评述农村集体经济改革的举措和现实意义,能够依法、理性地参与农村公共事务的决策和管理,完成农村经济的发展状况及趋势的调查报告。

(4)单元教学思路

① 单元议题设计如图 3-1 所示。

图3-1 单元议题设计

[设计意图]

围绕"为什么要坚持'两个毫不动摇'"总议题,以"为什么坚持公有制为主体、多种所有制经济共同发展""如何坚持'两个毫不动摇'""如何理解新农村经

济发展方式"三个子议题，探究我国公有制为主体、多种所有制经济共同发展的
经济制度的优越性。子议题 1 主要侧重于理论学习，厘清这一基本经济制度的
内涵、重要性以及现实意义；子议题 2 主要侧重于这一经济制度运行过程中课堂
内实践活动的探究；子议题 3 主要侧重于走进新时代，考察农村经济的发展状况
及趋势并分析其原因。子议题之间呈现结构化，层层递进的关系，体现理论与实
践的结合。

② 单元情境设计如图 3-2 所示。

| 不同所有制企业发展的图表 | 中车改制案例 | 本地区新农村建设的典范 |

图 3-2   单元情境设计

[设计意图]

情境设计是基于学生实际、真实的学科任务情境。本单元根据我校学生实
际，有相当一部分学生来自农村，抽象思维能力比较弱，创设"不同所有制企业
发展的图表""中车改制案例""本地区新农村建设的典范"三种情境，情境之间
呈现结构化，体现理论逻辑与实践逻辑。在不同的真实情境下，又设计不同纬
度的学科任务，以恰当的学科任务类型诱导出相关的关键行为表现。

③ 单元评价设计。本单元采用指向学科核心素养的评价方式和任务导向
型的评价方式相结合的评价方法。

指向学科核心素养的评价方式。本单元侧重于"政治认同"和"科学精神"
的培育。基于学科核心素养的评价旨在引导学生把握正确的政治方向，认同我
国的基本经济制度，融通社会科学综合性知识、改进社会实践行为，获得相关的
基础知识和能力，培育正确的情感态度观。伴随着学习活动的整个过程，帮助
学生在情境化、生活化的任务中，展现知识、能力、情感、品格，并收集、整理、分
析学生在学习参与过程中的行为表现及学习成果。

任务导向型的评价方式。教师结合学科任务、学科内容、评价情境、学生的关键行为表现来进行评价。

对"2000年以来我国国有企业入围世界500强企业情况统计"进行图表分析,概括图表所反映的经济现象及实质,并说明理由;设计评分量表,能在特定经济现象的语境中,结合图文信息,准确、连贯和完整地阐述经济有关知识之间内在逻辑。

结合所在区新农村建设的典范,走进新农村,开展社会调查、专题访谈等社会实践活动。确定活动议题,明确活动任务,查阅和收集相关资料,关注农村集体经济改革的方向。走进新农村典范,实地考察,了解本村集体经济的经营方式和运行机制,完成成果展示的方案,撰写农村经济的发展状况及趋势的调查报告。

附件1:

"坚持公有制为主体 多种所有制经济共同发展"课时课例

核心议题:为什么坚持公有制为主体、多种所有制经济共同发展?

这节课的学习任务,主要包含两方面的内容,即公有制主体地位及其体现和多种所有制经济共同发展。这两个部分共同构成了我国的一项基本经济制度,统一于社会主义现代化建设的进程中,调动了不同经济主体的积极性和创造性,有效利用各方面的资源,取长补短,激发社会主义市场经济的活力,推动经济持续健康发展。

教学目标:结合我国的国家性质和基本国情,理解公有制主体地位的表现、原因及其重要作用,明确国有经济对经济发展的主导作用,认同公有制的主体地位;结合经济生活的案例,了解各种所有制经济的内涵,理解非公有制经济的地位和作用,明确多种所有制经济共同发展的意义,认同我国所有制制度的优越性。

教学重点与难点:多种所有制经济共同发展。

教学流程如表 3-2 所示。

表 3-2　教学流程

议　题	教学环节	教师活动	学生活动	设计意图
为什么坚持公有制为主体、多种所有制经济共同发展	公有制经济类型和非公有制经济类型	引导学生看上海大众、华为、中国中车等企业标志的图片,提出问题: (1) 我国为什么会有不同类型的企业 (2) 这些企业的性质是否一样 (3) 判断企业性质的依据	学生看图片,理清关系	引导学生运用逻辑推理的方法理清企业的分类,及其背后的原因和判断的依据
	公有制为主体的体现	引导学生继续观察不同性质企业的图表及我国所有制经济结构图,提出问题: (1) 这些企业的地位是否一样 (2) 社会总资产包括哪些 (3) 公有资产有哪些 (4) 公有资产和非公有资产的占比如何	学生观察图表,探究问题	引导学生理解为什么要以公有制为主体,以及主体地位的体现
	坚持公有制经济与非公有制经济共同发展	引导学生阅读民营企业的材料,提出问题:数据说明了什么	学生阅读图表,回答问题	引导学生理解非公有制经济的作用
		引导学生思考,提出问题:判断一种制度好与不好的标准是什么	学生思考,探究问题	引导学生感悟判断好与不好的标准,从而实现公有制经济与非公有制经济相互促进、共同发展
		教师归纳	师生共同总结	引导学生感悟我国实行公有制为主体、多种所有制经济共同发展的原因

附件 2：

坚持"两个毫不动摇"课时课例

核心议题：如何坚持"两个毫不动摇"？

探究我国社会主义基本经济制度（公有制为主体、多种所有制经济共同发展）的现实意义，坚持毫不动摇巩固和发展公有制经济，毫不动摇鼓励、支持、引导非公有制经济发展，树立制度自信、理论自信，提高政治认同。

教学目标：结合公有制经济、非公有制经济等问题情境，能够理清生产力与生产关系的关系，理清我国现阶段的主要矛盾，公有制为主体、多种所有制经济共同发展，坚持"两个毫不动摇"之间的关系，理解公有制经济与非公有制经济相互促进、共同发展；结合中国中车改制的案例情境，能够理解混合所有制经济，感悟推进国有企业混合所有制改革，实现公有制经济与非公有制经济相互促进、共同发展，认同坚持"两个毫不动摇"的政策，有利于推动我国的所有制改革，促进我国经济发展。

教学重点：中国特色社会主义进入了新时代，解决现阶段的主要矛盾，仍然要坚持和完善公有制为主体、多种所有制经济共同发展，坚持毫不动摇巩固和发展公有制经济，毫不动摇鼓励、支持、引导非公有制经济发展，推进国有企业混合所有制改革，实现公有制经济与非公有制经济相互促进、共同发展。

教学难点：推进国有企业混合所有制改革，实现公有制经济与非公有制经济相互促进、共同发展。

教学流程如表 3-3 所示。

表 3-3　教学流程

议题	教学环节	教师活动	学生活动	设计意图
如何坚持"两个毫不动摇"	公有制经济与非公有制经济相互促进、共同发展	引导学生阅读公有制相关案例材料,提出问题:如何理解"既不搞单一公有制,也不搞私有化"	学生阅读材料,理清关系	引导学生运用逻辑推理的方法理清生产力与生产关系,我国现阶段的主要矛盾,公有制为主体、多种所有制经济共同发展,及坚持"两个毫不动摇"间的关系
	国有企业改革与发展	引导学生观察统编教材必修2《经济与社会》中的图表,提出问题:(1)反映了什么经济现象(2)这些现象说明了什么	学生观察图表,探究问题	引导学生理解国企改革取得的巨大成就
	推进国有企业混合所有制改革,实现公有制经济与非公有制经济相互促进、共同发展	引导学生阅读中国中车改制的案例,提出问题:(1)中国南车与中国北车为什么要重组(2)中国中车属于什么性质的企业,判断的依据是什么	学生阅读案例,回答问题	引导学生理解混合所有制经济
		引导学生观察"中国中车股权结构"图,提出问题:(1)国有资本占比是多少(2)中国中车为什么可以引入非公资本(3)中国中车引入非公资本会不会动摇公有制的地位?为什么	学生观察图表,探究问题	引导学生感悟推进国企混改,实现公有制经济与非公有制经济相互促进、共同发展
		引导学生观看《中国中车:改革为动力打造中国金名片》微视频,提出问题:国有企业改革与发展对人民实现美好生活的目标有什么意义	学生看视频,回答问题	引导学生感悟推进国企混改,不仅有利于经济发展,还有利于人民追求美好生活

附件3：

探究与分享：发展壮大农村集体经济课时课例

核心议题：如何理解新农村经济发展方式？

介绍新农村建设的发展实践，了解农村集体经济改革，理解发展壮大农村集体经济的措施，巩固和发展公有制经济，促进我国农村经济发展。

教学目标：学生参观、调查、访谈本地区新农村建设的典范，了解农村集体经济的经营方式，理解农村集体经济改革的举措和意义，帮助学生认识发展壮大农村经济的重要性。

教学重点与难点：学生进行自主调研。

教学流程：

(1) 课前准备。学生搜集资料，开展社会调查等实践活动。

(2) 讨论分享。学生课堂展示，与大家分享调研结果。

(3) 归纳总结。教师结合学生发言，及时提取要点进行总结。

活动要求：

(1) 每组选派代表展示，时间10分钟以内。

(2) 内容呈现合理，体现科学性。

(3) 表达清晰明了，体现逻辑性。

二、线上线下混合式教学

(一) 背景

深度学习主要指在教学中，学生积极参与、全身心投入、获得有意义的学习过程。深度学习强调知识的理解与认知、学习经验的联通、学习结果的迁移与反思、学习情感的投入,强调学习情境的创建、学习活动的交互,注重高阶思维的培养。深度学习的这些本质与课堂教学改革的要求相吻合,也为在线教学的建设提供了理论依据。在线教学注重学习过程互动化,虽然我们越来越重视互动手段的发展,但是效果不太显著,大部分学生的学习仍旧处于独立、浅层的状态。这需要教师去做更深层次的教学设计,通过提高学生的社会临场感来加强学习的交互性。

（二）内涵

线上线下混合式教学作为新时代背景下催生的新理念,是将在线教学和传统教学的优势结合起来的一种"线上＋线下"的教学模式①。其中,线上课堂是以学生为主导的教学,教师负责整合理论知识的逻辑关系,有效设计教学内容,学生们可根据自身情况选择在线学习的时间、空间、方式等,以此发挥学生们的主动性,提升课程学习参与度;而线下教学则以教师作为主要引导,结合学生在线学习的效果及反馈,以课程知识体系为基础,组织实施重难点的答疑、讨论等互动活动,弥补线上课堂的不足。通过两种教学组织形式的有机结合,形成教与学良好的节奏匹配,引导学生自主学习,一定程度上满足个性化的学习体验与需求,解决了学生学得是否到位、学得是否彻底的问题。

（三）案例

在线教学如何才能规避浅层次的教学,促进学生深度学习呢?这里就以统编教材必修2《经济与社会》第一单元《坚持"两个毫不动摇"》的教学来阐述线上线下混合式教学方式的实践运用。

1. 创设真实情境,开展线下教学

真实情境来源于学生生活,是学生关心的问题,能够引起学生情感的共鸣,

---

① 杨歌谣.混合式教学模式下教学评价的文献综述与展望[J].高教论坛,2019(2).

围绕真实情境开展学习,在真实情境中获得深刻的学习体验,加深度对所学知识的认识与理解,有助于激发学生的学习动力。因此,在思想政治课教学中运用真实性的教学情境进行教学是很有必要的。创设真实情境,引导学生从情境中发现问题、分析问题、解决问题,有效地改变传统的教与学,能够提高学生解决实际问题的能力,从而提升学生的政治认同、科学精神、法治意识、公共参与能力,实现学生的全面科学地发展。

如何创设真实情境,促进学生学习?具体流程如图 3-3 所示。

图 3-3　学习流程

第一步:研读教材。学生在进行这一课学习时,首先需要掌握一些学科的相关知识,例如公有制为主体的内涵与必要性、非公有制经济的作用、"两个毫不动摇"的内涵、人类社会发展的一般规律、哲学对立统一关系等。如果只是采用以前的教学方式,照本宣科,课后发张试卷,学生肯定没有兴趣。因为学生觉得学习这些知识,对他们而言没有什么意义,不能真正帮助他们解决什么问题,如果教师改变课型,学生的表现就会不一样。

课前,教师可以根据课标中的内容要求,设计学案;学生阅读教材内容,完成学案,做好课前的预习,为教师的教学提供方向。从学生的课前预习看,学生在理解混合所有制经济的内涵,以及如何推进国有企业混合所有制改革,实现公有制经济与非公有制经济相互促进、共同发展等方面存在困惑。接下来,教师根据学生自学后产生的困惑来设计教学内容。

第二步:确立议题。教师依据课程标准,从学生的实际情况出发,设计有意义的、接地气的,基于真实情境的议题,激发学生的学习兴趣。

进行本单元学习时,以"如何推动国有企业混合所有制改革"为议题,与学生一起探究我国国有企业改革的政策和方向。推进国有企业混合所有制改革，可以实现公有制经济与非公有制经济相互促进、共同发展。多种所有制经济共同发展，有利于形成各种所有制之间的市场竞争关系，调动不同经济主体的积极性和创造性，有效利用各方面的资源，取长补短，激发社会主义市场经济的活力，推动经济持续健康发展。本议题既包含了学科的具体内容，如公有制经济、非公有制经济、混合所有制经济等，又展示了价值判断的基本观点，如处理公有制经济与非公有制经济的矛盾时应该既不搞单一公有制，也不搞私有化，两者共同发展。混合所有制经济的内涵和对我国国企改革的探究既是本课的难点，也是重点。

第三步：呈现情境。在现实生活中挖掘真实的生活资源，设计情境和任务，将学科知识融入真实的、具体的问题情境中，呈现给学生看的是含有问题的情境。这个情境是与学生生活关联的、真实的，有一定的复杂性的情境，需要学生想一想、看看书才能解决的。

　　2015年，中国南车股份有限公司和中国北车有限股份公司正式合并，全球规模最大的轨道交通供应商——中国中车股份有限公司正式诞生。中国中车股份有限公司是经国务院同意、国务院国有资产监督管理委员会批准的上市公司，属中央企业。

　　中国南车集团公司前身中国南方机车车辆工业集团公司是经国务院批准，从原中国铁路机车车辆工业总公司分离组重组于2000年组建成立的国有独资大型集团公司，2010年经国务院国有资产监督管理委员会同意，原国家工商行政管理总局核准，中国南方机车车辆工业集团公司更名为中国南车集团公司。

　　中国北车股份有限公司简称中国北车，是经国务院国有资产监督管理委员会批准，由中国北方机车车辆工业集团公司联合大同前进投资有限责任公司、中国诚通控股集团有限责任公司和中国华融资产管理公司于 2008 年共同发起建立的股份有限公司。

阅读上述材料并回答：

（1）中国中车为什么改制？

（2）中国中车如何改制？

（3）中国中车改制后产生了哪些积极影响？

进行本单元学习时，设计了中国中车改制的案例情境，主要考虑到它是我国国有企业改革成功的典型案例。这个案例与学生的实际生活，即日常的出行有着密切的联系，学生还是比较关心的，有教育教学价值。学生在探究中车改制的过程中，理解混合有所有制经济的内涵，认同国家国有企业改革的改革方向和政策措施。

第四步：设计问题。教师创设的情境，是带着问题的情境，这些问题需要教师结合情境精心设计。学生在学习过程中，解决情境中设计的问题，从而达成学习效果。对这些问题的探讨，不仅有助于学生对学习任务的思考和解决，而且可以促进学生对思想政治课知识的深度理解和知识迁移。

进行本单元学习时，学生围绕情境中的三个问题，探究国企改革的路径。问题与问题之间有逻辑关系，呈现结构化，而且每个问题还可以再设计问题链，例如：中国南车与中国北车为什么合并？合并以后成立的中国中车属于什么性质的企业？中国中车为什么可以引入非公资本？中国中车引入非公资本会不会动摇公有制的地位？为什么？国有企业引入非公有制经济对国有经济度发展有好处？……把要讲述的内容还原成要解决的具体学科问题，并且把这些具体学科问题形成一个有内在逻辑关系的问题链，甚至"问题树"。学生在思考、辨析、探究中，完成任务、解决问题，领会国家政策，认同推进国有企业混合所有制改革，发展壮大国有经济，毫不动摇地巩固和发展公有制经济。

2. 结合线上教学，促进深度学习

（1）教师给出学习任务。在进行本单元的学习中，教师给出了这样的学习任务：如何认识我国国有企业的改革？结合中车改制案例，学生了解了中国中车改制的前因后果，由典型、成功的个案，引申到一个共性的话题，即关于国有企业的改革问题。

（2）根据提示，完成学习任务。这里的提示，是指学生通过之前的学习，有了一定的认知，在这个基础上，完成学习任务，发表意见和理由，并直接上传至谈论区或学习平台。对于学生的作业，教师不要做点评，所要做的是督促学生上传作业，观察学生是否进入了学习状态。教师还可以根据学生提交作业中存在的共性问题，提供一些学习的资料。总而言之，教师要把握学生学习情况，补充支持学习的资料。

（3）再度学习，修改学习任务。教师引导学生阅读课本以及其他学习资源，修改作业并上传，再度发表观点和理由。这时教师还是不要点评学生观点，只需暗暗观察学生的学习情况。如果发现部分学生对书本知识的理解还存在一定困难，教师再补充材料，提供解答问题的线索，在学生原有认知的基础上，帮助学生进一步理解我国国有企业改革的问题。

（4）相互点评，完善学习任务。学生利用微信、腾讯等网络互动平台，在线展开讨论、交流，发表意见，积极参与辩论，最后展示成果，接受同学的评价。通过综合同学的意见和建议，学生再一次修改完善自己的观点，完成最终作业。

（5）点评提升，反馈学习任务。评价和反馈学生学习情况时，教师不仅要评价学生最终完成的作业，还要将学生的第一份作业与最后一份作业进行对比，点评变化的情况，以此来把握学生的学习情况和教学效果，从而采取有针对性的指导。

这样的学习过程,学生是为解决问题而自主学习学科知识,通过寻找支撑观点的理由来加深、理解、消化需要掌握的知识。知识由教师灌输变为由学生主动输出。这样的学习,可以使学生由被动学习转变为主动探究。这样的学习方式,避开了教师在技术上的短板,避免了教师花大量的时间在录制微课上,可以集中精力研究教学教材的开发、情境内容和议题的设计,以及学情的把握。线上线下结合,师生互动、生生互动,尤其是学生间有痕迹的互动互学,有利于提高学生学习的效率,更有利于学生素养的培养。

本案例采用深度融合信息技术的教学方式,实现了课堂教学过程中动态教学、动态管理、动态评价,通过平板电脑、互联网等工具最大限度地整合、利用了各种教学资源,实现了信息技术与学生学习的深度融合,促进了教与学的互动、学与学的互动,调动了学生学习的主动性、创新性,促进了学生思想政治学科核心素养的发展。

（四）教学建议

教育数字化转型背景下,课堂将成为应用互动、体验和探究学习方式促进知识理解和应用的场所,学习将打通课内课外、课前课中课后、面对面与网络,使之成为一个整体。思想政治课教师应该增强学科自信,赋予学科生命,提升教师素养,打造智慧课堂,优化议题教学,让思想政治课堂更具魅力。

1. 提升教师的信息技术能力

现阶段"互联网＋教育",很大程度上倒逼教师及教务管理人员创新教学模式与管理方法,在信息化教学手段和管理模式的推动下,为教师开展线上线下教学实践奠定了基础。通过调动教师开展在线教学的积极性,鼓励教师将在线教学与传统课堂教学相结合,围绕在线教学过程中出现的资源共享、课程运行、操作技巧等方面的问题定期开展在线教学培训及经验交流会,进一步提升在线教学设计与组织能力,积累在线教学组织与管理经验。拓宽信息化整体水平空间,提升教师的信息技术水平。

2. 保持学生在线学习的注意力

根据在线教学的特点进行安排,比如视频教学要与练习课、探究课、活动课相结合;在线教学时间不宜过长,建议为常规课时的 1/2—2/3 左右,如果是采用微视频,以 6—10 分钟为宜;教师根据教学内容,通过故事、案例等方式适当增加课程的趣味性;直播课程时,建议通过设置悬念、善用幽默、增加竞猜竞答类互动设计等方式,提高学生学习兴趣。

3. 提高学生学习的积极性

制作学习指南,将学习要点、学习流程以及注意事项等内容录制为学习指导视频,请学生提前观看。①要求学生预习:根据学生已有的知识储备安排预习内容,标明重难点,提醒学生关注。②鼓励学生提问:鼓励学生提出问题,带着问题听课。③组织经验分享:邀请优秀学生分享学习经验和方法,一段时间之后梳理学习攻略。④指导做好笔记:要求学生做好笔记,通过做笔记的方式(记提纲、记问题、记方法、记总结)促进思考。

三、活动体验式教学

(一)背景

由美国新媒体联盟和美国学校网络联合会合作完成的 2015 年基础教育《地平线报告》中提出了两个长期趋势,其中一个就是探索深度学习策略。该报告指出,深度学习是以创新方式向学生传递丰富的核心学习内容,引导他们有效学习并能将其所学付诸应用,有助于学生获得更多主动学习的经历。①活动体验式的教学方式能促进学生对知识的实践和体验,有助于揭示和理解学习本质。

学生的活动体验是思想政治学科核心素养发展的重要途径。生活即

---

① 焦建利.《地平线报告》2015 基础教育版简评[J].中国信息技术教育,2015(21).

课程,思想政治课教学的生命力就在于理论联系实际。在进行思想政治课教学的过程中,要发挥学生的主观能动性,引导他们关注时政,并注意观察、感受,从身边的生活实际出发,解决问题,进而举一反三,把解决方法运用到相关问题上,最终理解课堂教学中教师提出来的实际问题。教学中,教师以综合性的思想政治学习内容为载体,创设情境、精选案例,通过自主、合作、探究等学习方式,引导学生主动获取综合的知识和视点,发展综合能力,提高综合素质。

（二）内涵

活动体验式教学就是根据教学目的,设计符合学生心理需求的教学活动或者教学情境,促使学生亲身体验,主动建构知识,创新学科情感的一种知情合一、自主建构的教学方式。它顺应了课程改革的要求,对于学生综合素质培养意义重大。打造综合性、活动型学科课程是思想政治课程以培育学科核心素养为导向的,是课程实施中具有创新意义的亮点。活动型的教学方式,就是引导学生围绕议题开展学习活动,学生主动体验探究过程,获得社会实践经历,从而解决问题,或生成新的问题,以培养学生的学科核心素养。围绕议题开展的活动设计将贯彻于教学的全过程,活动成为承载知识内容的基本方式,力求"课程内容活动化、活动设计内容化"。

（三）案例

以必修 2《经济与社会》第一单元,综合探究"加快完善社会主义市场经济体制"中的"微观主体有活力"的教学活动为例。

1. 教材文本分析

必修 2《经济与社会》的基本目标是贯彻和落实习近平新时代中国特色社会主义经济思想,其中第一单元《生产资料所有制与经济体制》着重介绍习近平新时代中国特色社会主义思想中的两个基本经济制度。综合探究既是对第一单元的补充和拓展,也是把思想政治课的小课堂与社会大课堂有机结合起来,激励学生参与社会实践活动,发展学生的思想政治学科素养。

根据教材,"探究二 微观主体有活力"中设计了关于国有企业激发企业活力、居民个人诚信报告两个探究活动。第一个探究活动材料以国有企业为背景,主要从激发企业活力、调动员工积极性方面呈现了一家地方国有企业改革的具体做法;第二个探究活动材料介绍了个人诚信报告,强调市场经济参与者应该秉持诚信原则,通过社会诚信建设筑牢社会主义市场经济的基础,详见附件1、附件2。

2. 学情分析

本课的授课对象是高一学生。通过前面两课内容的学习,他们初步理解了我国的生产资料所有制的内容及优势。本课的学习,主要是让学生通过活动探究体验、感悟,进一步理解我国公有制为主体、多种所有制经济共同发展这一基本经济制度的优越性,秉持诚信原则,树立诚信意识,促进知行合一,凸显活动型学科课程的实践性和参与性。

3. 活动目标

结合企业经营案例,分析影响企业活力的外部和内部因素,能够提出增强企业活力的建议;能够树立诚信意识,自觉抵制市场失信行为;能够理解深化经济体制改革对激发市场主体活力的作用,坚定对国有企业改革成功的信心。

4. 活动过程

课前准备:学生阅读教材案例,比较改革前后企业内部发生的变化;查阅资料,梳理政府激发企业活力的政策、文件等;查阅相关的经济法律法规和行业规范;制作诚信教育手绘画或公益海报;参观校史陈列馆,学习杰出校友的故事;采访杰出校友(著名企业家),探访企业活力之源。

活动环节如表3-4所示。

表 3-4 活动环节

活动主题	教师活动	学生活动 (详见附件)	设计意图
影响企业活力的内部因素（附件 1）	引导学生阅读教材案例，比较改革前后企业内部发生的变化，提出问题： (1) 该企业改制前后发生了哪些变化 (2) 该企业是如何从内部激发活力、调动员工工作积极性的	学生阅读案例，回答问题	比较改革前后企业内部发生的变化，归纳影响企业活力的内部因素
影响企业活力的外部因素（附件 2）	引导学生查阅资料，交流展示： (1) 国家在激发企业活力方面的政策、法律法规等 (2) 宝山区政府在激发企业活力方面的政策、文件等	学生分享案例，交流展示	交流分享，归纳影响企业活力的外部因素
个人信用——小磊的故事（附件 3）	引导学生讲述小磊的个人诚信故事，分析小磊的个人诚信报告，提出问题： (1) 小磊在申请贷款时会遇到什么问题 (2) 小磊的个人诚信报告对他的经济生活可能带来哪些不良影响 (3) 从小磊的故事中，你得到了什么启示	学生讲述小磊的个人诚信故事，回答问题	分析案例，秉承诚信原则，培养诚信意识
"诚信的力量"宣传活动（附件 4）	组织学生分享、交流诚信教育的手绘画或宣传海报	展示诚信教育手绘画或公益海报	交流分享，坚持诚信原则，培养诚信意识
探访企业活力之源（附件 5）	组织学生展示访谈交流	制订访谈计划书，访谈杰出校友（著名企业家），观看访谈视频	访谈交流，探访企业活力之源

附件 1

活动主题:影响企业活力的内部因素

学生展示:大家好,我们小组探究的问题是"企业如何从内部激发活力?"。我们首先阅读了教材中的案例,并上网搜寻了一些资料,由此制作了一张表,如表 3-5 所示。

表 3-5   国有企业改制前后对比

	改制前	改制后
企业性质	国有企业	股份制公司(混合所有制经济)
分配机制	"吃大锅饭"现象	按贡献参与分配 公司的管理人员和科技人员可以持公司股份,分享企业利润
管理机制	人浮于事	股份制管理
企业效益	效益不佳	明显改善
员工表现	工作积极性不高	工作积极性大大提高

该企业改制之前是一家国有企业,改制后是股份制公司,属于混合所有制经济。国有企业混合所有制改革,是我们国家对国有企业改革的具体举措,有利于增强国有企业的活力,壮大国有经济,增强国有经济竞争力、创新力、控制力、影响力、抗风险能力,也是坚持毫不动摇巩固和发展公有制经济的体现。

再看该药厂改制前后,有些什么变化呢?之前的分配是"吃大锅饭",造成经济效益差,员工的工作积极性不高。改制后,实行股份制,完善了公司的治理结构,董事会成为决策机构,还有作为监督机构的监事会,机构权责明确,可以有效地提高公司的运营效率和管理的科学性。企业员工按贡献参与分配。公司的管理人员和科技人员还可以持公司股份,分享企业利润。员工的福利待遇提高了,工作积极性大大增强,从而激发了该企业发展的活力,该企业也迅速成为国内知名的国有资本控股企业。

听了刚才我们小组对该案例的分析,接下来我要考考大家,看看大家了解多少?

(1) 该企业改制前是什么性质的企业? 改制后呢?

回答:改制前是国有企业,改制后为股份制(混合所有制经济)。

补充说明:混合所有制通常采用股份制形式。但并不是所有的股份制都是混合所有制。只有由公有制经济和非公有制经济所组成的股份制是混合所有制,没有公有制经济参与的股份制,不是混合所有制。

(2) 这样的改革,给企业带来了哪些变化?

回答:员工福利改善了,员工共享企业发展成果,积极性提高,该企业成为国内知名的国有资本控股企业。

补充说明:事物变化发展是内外因共同作用的结果,内因是事物变化发展的根本,对事物的发展起决定性作用,企业要有活力,首先要从企业内部激发活力,主要包括:企业要制定正确的经营战略;企业要提高自主创新能力,依靠科技进步、科学管理等手段,形成自己的竞争优势;企业要诚信经营,树立良好的信誉和企业形象。

附件 2

活动主题:影响企业活力的外部因素

学生展示:大家好,上一组同学介绍了影响企业活力的内部因素,任何事物都是内外因共同作用的结果。影响企业活力的有内因，也有外因，接下来我来给大家讲讲影响企业活力的外部因素，主要有相关的法律法规、国家的一些政策。

党的十八大以来，习近平总书记多次强调坚持"两个毫不动摇"，毫不动摇巩固和发展公有制经济，毫不动摇鼓励、支持、引导非公有制经济发展，要求将其体现到各项具体政策中，极大地激发了我国公有制经济和非公有制经济的活力。

我们小组上网搜寻了一些资料，主要介绍《中华人民共和国外商投资法》。2019 年 3 月 15 日，十三届全国人大二次会议表决通过了该项法律，自2020 年 1 月 1 日起施行。这意味着统一的外商投资基本法问世，同时也标志着我国对外开放事业开启了新的篇章，该法律有利于促进非公经济的发展。

接下来，再来看看国家方面的政策和文件。支持非公有制经济发展的"两个不可侵犯"和"三个平等"，旨在培育更多充满活力的市场主体，营造支持非公有制经济高质量发展的制度环境、市场环境、法治环境，非公经济主体公开、公平、公正地参与竞争，促进非公经济的发展。

还有一些比较具体的举措，如建立统一的民营企业政策信息服务平台；加大信贷支持，大幅增加制造业中长期贷款；畅通民营企业技术人才职称评审通道；建筑企业资质类别和等级压减超三分之一。

我们还搜寻了宝山区对企业发展即将出台的一些优惠政策。宝山将向广大企业和人才释放大批利好政策，发布四个"一"新举措：出台一套政策，包括人才引领发展战略的若干意见、科创人才专项支持激励政策、重点专项产业人才支持政策；集聚一批人才，实施"高层次人才揽才计划"，为企业靶向引进各类紧缺急需优秀人才；引入一批资源，积极引入市场化资源，举社会各界之力服务企业、服务人才；优化一方生态，在全区范围全面推行"优秀人才樱花卡"，通过市场化人才服务资源征集等方式增加服务内容和项目。

附件3

活动主题：个人信用——小磊的故事

学生展示：我们现今的家庭生活中或多或少都会遇到向银行贷款的情况，如贷款买房、贷款买车，甚至现在还有贷款读书等，恰巧今天我们的教材中也讲了这么一个故事。个体户小磊在最近因买房而需要到某个商业银行贷款，他为了了解自己的信用情况，登录了中国人民银行征信中心官网，查看个人征信报告。我们先来了解一下这两张记录的基本信息，如图 3-4、图 3-5 所示：

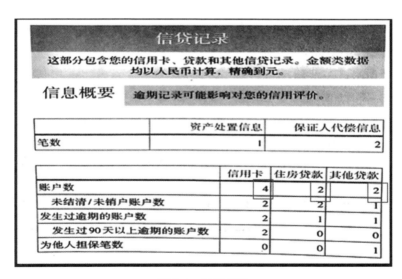

	资产处置信息	保证人代偿信息
笔数	1	2

	信用卡	住房贷款	其他贷款
账户数	4	2	2
未结清/未销户账户数	2	2	1
发生过逾期的账户数	2	1	1
发生过90天以上逾期的账户数	2	0	0
为他人担保笔数	0	0	1

图 3-4　信贷记录

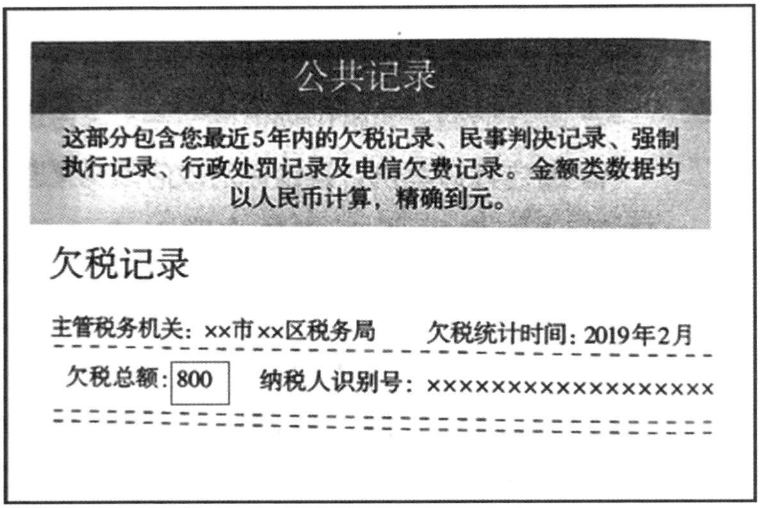

图 3-5　公共记录

图 3-4 显示小磊名下有四张信用卡，其中两笔住房贷款、两笔其他贷款。

图 3-5 显示小磊于 2019 年 2 月欠税 800 元。

接着，我们仔细来看一下其中存在问题，如图 3-6 所示。

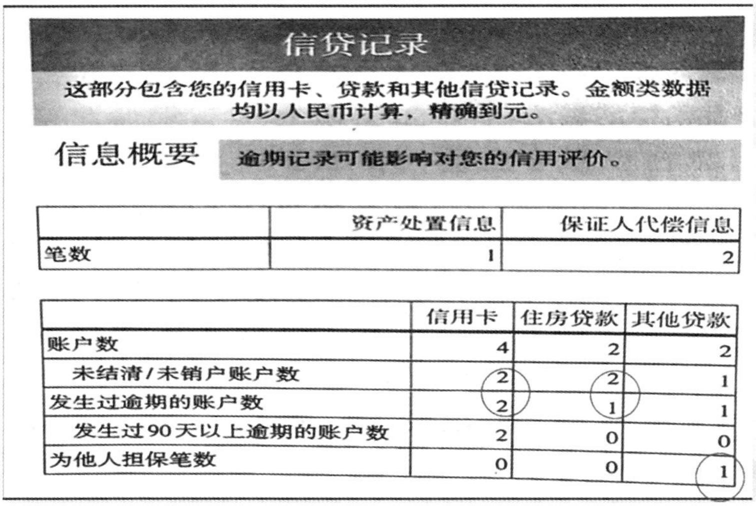

图 3-6　信贷记录

第一，小磊的账户中有两张信用卡未结清且发生过 90 天以上逾期未结清情况。

第二，两笔住房贷款仍未还清或者说正在还贷中，但有一笔发生过逾期未结清(未还贷)情况。

第三，一笔保证人代偿的款项未还。

那么在申请贷款时，小磊会遇到什么问题呢？首先，因为账户有未还清款项，且有逾期情况，所以银行可以拒绝贷款给他。其次，有欠税问题，所以小磊其实存在诚信问题。与此同时，他的问题对经济生活也会造成的不良影响：他无法再次成功贷款；因为他的个人信用度下降，他将无法再办理信用卡；如果个人信用记录是黑名单的话，比如存在恶意拖欠银行贷款不还，被银行起诉，将导致借款人不能乘坐飞机、无法入住星级酒店、影响子女就学等；如果个人信用记录不良，可能会造成家庭成员，如配偶、子女或者父母的诚信问题，那么相应的因个人信用记录是黑名单的不良效应也会在这些人身上产生。

那么从中我们又可以得到什么启示呢？我们要保持良好的信用，及时地还贷，不要逾期。并且，我们要保护好个人的信息。现在网购等各种购物渠道很方便，但个人的信息相对就比较透明化，我们要学会保护自己的信息，不要轻易地透露个人的地址、电话等。最后一点就是，我们可以通过不同的方式，比如宣传讲座，知识竞答，以及上网浏览相关的信息，来对诚信问题进行更加深入的了解。

附件 4

活动主题：“诚信的力量”宣传活动

学生展示：

学生甲：大家好，听了小磊的故事后，我们觉得，诚信在市场经济中有着重要的作用。围绕"诚信的力量"这一主题我画了一幅宣传画,如图 3-7 所示。画面的主要部分就是诚信的"信"字,单人旁的下半部分画成了毛笔的样子,右半部分增加了一些墨水溅出的效果,还有一些国画的元素。宣传画主要是为了突出"信",自从古代开始便被人们所追求,作为高尚品德流传至今。为什么要去做到"信"呢? 因为这是社会主义核心价值观,是我们中华民族优良的传统。那么怎样去做到"信"呢? 信,有诚实、可靠的意思,这也就意味着,我们要做到信,就是要做到诚实,不欺骗他人;让别人不怀疑你,认为你是可靠的。所以,诚信,是每个人必须做到的。于企业来说,企业要有活力,不管是企业本身,还是企业的管理者、工作者,都应该尊重法律法规,坚持守法经营、诚信经营,积极承担社会责任。

学生乙:大家好,我非常赞成以上观点。针对诚信的力量这一主题,我也画了一幅宣传画,如图 3-8 所示。画中的血袋代表着诚信,正在为上面的一只手输血,上面的手代表着企业发展,血液是人体运作不可或缺的一部分,就像图中画的一样。诚信是企业发展的命脉,企业要诚信经营,树立良好的信誉和企业

图 3-7　学生甲的宣传画　　　　图 3-8　学生乙的宣传画

形象。企业的信誉和形象作为一种无形资产是经过长期努力形成的,它渗透在企业经营管理的每个环节,通过产品和服务在市场上形成本企业的竞争优势。最后,希望大家做一名诚实守纪的好学生和诚实守法的好公民。

附件 5

活动主题:探究企业活力之源

学生展示:听了前面小伙伴们的展示,都非常好,也学到了很多知识。在他们的基础上,我们小组开展了一次访谈著名企业家的活动,主题是"探访企业活力之源"。我们参观了学校校史陈列馆,陈列馆里有一位年轻的知名校友吸引到了我们,上网搜寻后发现他是一位年轻的著名企业家,毕业于宝山中学的李景元学长。他是上海市的明日科技之星,当时以优异的成绩考入浙江大学,现在他是长兴科技的 CEO,曾任"迅点 3D 科技"联合创始人兼 CTO,曾获工业创造设计的奥斯卡大奖——德国红点奖,也是大学生 3D 打印协会创始人,曾获第九届大学生挑战杯全国金奖,我们非常想认识并了解他。

在老师的指导和帮助下,有了这么一次特别的采访。我们小组设计了三个采访问题:您创办的长兴时印科技有限公司取得了如此了不起的成就,有什么秘诀吗? 您是一名年轻的知名企业家,同时也是我们学校的杰出校友,您认为一名优秀的企业家应该具备哪些品质? 今天,我们十分荣幸,借助互联网平台,能与您面对面,对于我们这些学弟学妹,您有什么建议吗?

(过程省略)

看完了对于校友李景元的采访后,大家可以发现,他创办的企业获得了不起成就的原因在于他的选择和努力,他不断学习相关知识和创新实践,带领全公司员工齐心协力、共同努力,并且给予员工"放权"式的信任,这些都是激发长兴时印科技有限公司活力的内部因素。

中央政府有扶持企业发展的优惠政策,例如会给予税收减免,有了这些方面的帮助,企业发展才有保障。地方政府对于企业发展具有极大的支持。李学长的公司所在的地方,政府给到企业至少三点扶持:第一,给予公司配套资金;第二,给予房屋安置的减免和补贴;第三,给予免费的场地。这一系列的扶持政策,不仅让企业有了更好的生态建设,同时解决了企业刚起步时的资金困难、场地困难,减轻企业的负担,促进了企业良性发展。由此得出,企业的发展离不开政府对于企业的扶持。

在讲到优秀企业家品质的时候,李学长给出了这样的答复:"不断坚持,执着地做一件事,坚持,坚持,再坚持,最终会有质的飞跃;凝聚团队,我们现在都不是一个人在作战,需要团队的力量;给予他人的信任,我的理解应该就是诚信,相信可以信任的人;不断学习,学习永远在路上。"正如他所说,只有创始人足够强大,企业才会发展,如果创始人的能力不足,那么这样企业就会停滞不前。如何才能让创始人的能力足够强大?就是要不断学习。而且,他抓住时代的契机,进行一定的创新,把握住政府给予他的扶持。使他的公司成为千万级公司,也让他成为成功人士。

应当说,单元教学、线上线下混合教学和活动体验式教学等课堂教学方式对于促进学生的深度学习有很大帮助。在教师的引领下,学生在单元教学中以整体性思维了解和掌握每一部分的联系性与互动性,在线上线下混合教学中体验教学新技术对教学的补充和促进作用,在活动体验式教学中感受教学知识与实际生活的紧密联系,更加深度地理解所学知识。因此,单元教学、线上线下混合教学和活动体验型教学等基于深度学习的教学实践,能够促进学生学习方式的转变,能够促进学生对知识的实践和体验,有助于揭示和理解思想政治课的学习本质。

第二节　基于深度学习的作业设计

当前,我国中小学生的作业问题已然成为"减负"必须面对的一个要点。究其原因,是当前很多作业发生了异化,与实现"学生全面发展"的目标发生了偏离。我们尝试了单元作业设计、学案类作业设计、理论探究类作业设计,把作业作为促进学生深度学习的抓手,为学生亲身经历知识的发现(发明)、形成、发展过程提供机会、搭建平台。学生成为学习的主体而不是被动的知识接收器。对思想政治课教师而言,深度学习也是从设计一份份"深度作业"开始。

一、单元作业设计

单元作业是为某个教学单元所设计的所有作业的总和。根据不同时间范围,可将作业分为课时作业和单元作业①。单元作业是单元教学活动的重要组成部分,合理的单元作业应遵循单元教学目标,与单元教学活动相配合,关注学生差异状况,充分利用校内外教学资源,并具有整体性、结构化和进阶性的特点。深度学习视域下的单元作业设计,要求教师设计的作业形式能够让学生通过质疑、探究、归纳、演绎、情境体验等方法自主探求,从教、学、评一致的要求出发,每个环节都落实深度学习策略。

---

① 上海市教育委员会教学研究室.学科单元作业设计案例研究[M].上海:华东师范大学出版社,2018:6.

单元作业的形式主要包括：基础性作业、探究性作业、实践性作业、综合性作业等。基础性作业，它是单元作业的基础组成部分，形式包括填空题、思考题和练习题等。探究性作业的目的在于引导学生应用课堂上习得的概念和技能解决新情境中的问题，在此过程中发展科学思维、探究能力和相关的社会责任。实践性作业的形式是多种多样的，例如参观场馆活动、社会调查活动、职业体验活动等。综合性作业是涵盖前述各种作业形式的综合性实践活动，兼具探究性和实践性，除了促进学生学科核心素养的发展，对学生的活动组织、时间规划和团队合作等各方面的能力发展也都有积极的意义。如何从促进学生深度学习的视角进行"单元作业"的设计，笔者在教学实践中进行了一些尝试，以下以"我国社会主义市场经济体制"单元作业设计为例（此项单元作业荣获"2019 年上海市中小学优秀作业、试卷案例评选活动"一等奖）。

（一）单元界定与课时划分

本案例将针对统编教材必修 2 第二课《我国社会主义市场经济体制》进行单元作业设计。本案例主要讲述中国特色社会主义经济建设中最基本的原理，介绍了我国的社会主义基本经济制度之一——社会主义市场经济体制。

公有制为主体、多种所有制经济共同发展，按劳分配为主体、多种分配方式并存，社会主义市场经济体制都是社会主义基本经济制度，三者相互联系、相互支撑、相互促进。

基于课程标准与教材的解读，本案例各课时主要内容与相互关系如图 3-9 所示：

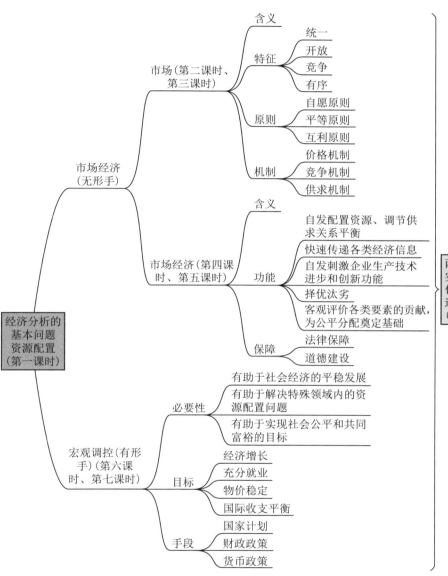

图 3-9　内容导图

本案例的设计从经济分析的基本问题资源配置入手,主要围绕"什么是资源配置? 为什么要实现资源优化配置? 如何实现资源的优化配置?",以"为什么'两只手'优于'一只手'"为议题,探究"在资源配置中市场起决定性作用,更好发挥政府作用"的道理,明确社会主义市场经济体制的特点。以"怎样保持经济平稳运行"为议题,探究正确运用宏观调控手段,实现宏观调控目标。以"如何使市场机制有效"为议题,分析影响市场经济正常发挥作用的条件,探究价格、供求、竞争等机制是如何引导资源有效配置的。探究中,根据学生的学习需求,设计了 8 课时的作业。资源的稀缺性是进行经济分析的前提,优化资源配置是经济分析的目的,资源配置主要有两种方式:计划和市场。

课时 1 主要设计资源配置的一些基本问题的作业。例如:

单选题:

甲:我要用些钢材做家电产品。

乙:我用钢材修铁路。

丙:我要用些钢材造汽车。

钢材:我怎么应付得了! 我该去干什么呢?

由于资源的有限性和人们需求的无限性,这对矛盾就决定着我们要合理进行配置资源,我国实行了_____经济,选择了方式进行资源配置。

A. 政府　　　　B. 计划　　　　C. 市场　　　　D. 企业

答案:C

【设计意图】 巩固学生的基础知识,主要针对参加学业质量水平考试的学生,使其知道资源配置的方式。针对参与等级考的学生,使其在知道资源配置的基础上进一步说明资源配置的优化和必要性,让其在一定情境下,在理解的基础上,能辨认或列举反映资源配置优化的社会经济现象。

课时 2 和课时 3 主要设计关于市场的作业。例如：

　　市场交易的原则遵循自愿原则、平等原则、公平原则和诚实守信原则，请同学们辨识以下现象中分别违背了什么原则？

　　（强买强卖、缺斤少两、假冒伪劣、掺杂使假、"搭配"销售、以次充好、坑蒙拐骗、非法销售、以貌卖货、以地位和官职高低卖货）

　　答案示例：

　　自愿原则：强买强卖、"搭配"销售

　　平等原则：以貌卖货、以地位和官职高低卖货的现象

　　公平原则：缺斤少两、坑蒙拐骗

　　诚实守信原则：假冒伪劣、掺杂使假、以次充好、非法销售

【设计意图】　识记和区分市场交易的原则,学生通过辨析题进行了辨识和再现,区分了各自不同的内涵和指向,从而学懂生活中的经济。

课时 4 和课时 5 主要设计关于市场经济的作业。例如：

　　随着电子商务的迅速崛起,网购也逐渐成为时尚,然而,网上诱人的商品却也成为一些骗子设的"陷阱"。目前,上百位网民在一家名为拉拉网的团购网站上订购价值近十万元的电饭锅,费用支付了,电饭锅却一直没等来。消费者到所在地报警,但警方却说证据不足暂时只能备案不能立案,让他们等。由此可见,网络购物虽然方便实惠,但同时也存在销售虚假宣传、团购网站恶意欺骗、消费者维权难等不安全因素。

　　如果你是政协委员,请你结合"市场经济"的相关知识,针对此问题撰写一个简要的提案。

提案名称：

提案人：

问题陈述：

原因分析：

解决措施：

答案示例：

提案名称：关于加强完善市民网购环境

提案人：×××

问题陈述：电子商务正处于迅猛发展之中，但是由于市场经济在自发调解的过程中还存在着弊端，那么我们还需要通过各种手段对其进行完善。拉拉网恶意欺骗消费者、虚假营销，消费者在实际维权过程中也存在难度。

原因分析：市场调节存在自发自性；部分团购网站缺乏诚信经营的意识，诚信体系的建立有待完善；法律规范、行业规则不够健全；国家的有关部门的监管还不到位。

解决措施：国家加强网络市场监管，加快建立信用监督和失信惩戒制度，完善社会信用体系；生产经营者自觉遵守国家法律和市场规则，合法经营、诚信经营；消费者树立法律意识和维权意识，运用法律维护自身的合法权益。

【设计意图】 选取有关于电子商务的相关问题，市场经济自发调节中个别企业会出现失信问题，引导学生自主探究其中的原因，并有针对性地提出解决方案。通过政协委员的角色代入，激发学生的探究兴趣，问题设置具有开放性，留有思考的空间，但同时紧密结合学科内容，与日常生活相结合，具有一定的探究价值。

课时 6 和课时 7 主要设计关于宏观调控的作业。例如：

【"小先生"讲坛】　主题课堂授课

授课主题:西方主要发达国家宏观调控模式分析及对我国的启示

背景材料:20 世纪 30 年代西方爆发了严重的经济危机,市场万能的神话被打破,对此,英国著名的经济学家、宏观经济学创始人凯恩斯提出了用政府这只"看得见的手"对经济进行干预的理论。凯恩斯关于宏观调控的政策主张为:反对自由放任,主张国家干预,扩大政府调节消费倾向和投资引诱的职能,刺激有效需求。

引言材料:在经济社会快速发展的进程中,由于市场自身存在着一定的弊端,对整个经济的运作难以起到规范性的作用,因此要从实际出发,对存在的问题进行有效解决就要借助政府的作用。从我国目前的经济发展实际来看,国内的宏观经济调控还处于一个发展阶段,需要借助更为完善的手段进行应对。国外在这一领域进行了积极的尝试,并且取得了一些成就,通过对不同国家宏观调控方式的比较分析,探索一些适合我国的宏观调控方式。

授课要求:每个班级以学习小组为单位,小组合作,具体选定一个西方国家,重点分析该国的宏观调控举措,并谈谈对我国应对当前的经济社会发展情况有何启示,以 PPT 形式在班级做主题交流,要求有详细的文字稿。

小组主题授课评价标准:

评价标准	具体要求	评价分值 （总分 100 分）
授课内容的相关度	材料是否与主题有关,学生是否学到了新知识,这些新知识对他们是否有用	30 分
授课内容的掌握	授课学生是否对小组展示材料有很深刻的理解,针对同学们提出的疑问,是否能进行解答	20 分

续表

评价标准	具体要求	评价分值 （总分100分）
授课内容详略安排	小组组合材料时是否能区分重要信息,内容安排是否详略得当	20分
授课即时动态	授课展示是否流畅,组内成员能否做好自己的工作,是否能很好地合作	10分
授课观众回应	授课是否能激起其他同学的兴趣,并且能将这种势头一直保持下去,展示授课结束	10分
授课时间掌控	授课能否在有限的时间内完成,是否能做到不以牺牲展示重点内容来节约时间	10分

【设计意图】 通过这样一种学生主题授课的形式,可以激发学生的学习兴趣,符合学生爱动的特征,引发其主动学习意识,可以提高课堂效率,检验学生的自主预习和合作交流的成果。更重要的是,我们的教育是为了学生的将来发展,为学生的终身学习打下基础,通过让学生来展示,可以锻炼学生的胆量、口头表达能力、分析问题的能力等,为学生将来走上社会并能更好地适应社会做好准备。

课时8是综合设计,市场经济与宏观调控的关系。例如:

有人认为:从农民分化为农民工,是市场机制的结果,而将农民工转化为城市市民,则是政府的责任。如何全面评价这一观点。

答案示例:此人的观点是片面的,从农民分化为农民工,将农民工转化为城市市民,都是市场对劳动力资源的调节与政府宏观调控共同作用的结果。市场通过价格机制、供求机制、竞争机制,犹如一只看不见的手,自发配置劳动力资源,实现劳动力供求的平衡。政府运用计划、法规、政策等手段,调控劳动力资源的供求平衡。

【设计意图】"三农"问题是国家的重要问题。农民—农民工—城市市民,实现这个转化,需要市场的调节,也需要政府的宏观调控,需要处理好市场与政府的关系,宏观调控要以尊重市场规律为前提,是在尊重市场规律基础上的国家行为。案例选自社会热点问题,学生运用马克思主义辩证法的观点,运用一分为二的矛盾分析方法,全面评价农民问题,引导学生步入辨析式的学习路径,提高学生辩证思维、逻辑思维和质疑反思等思维能力。

每个课时的作业包含 4 题左右,要求在 15 分钟以内完成。单元测试作业主要针对等级考水平的学生,一共 12 题:单项选择题 10 题、图表类型的材料分析题 1 题、论述题 1 题,要求在 40 分钟以内完成。作业的考核目标明确,针对性比较强,有层次、有梯度,有知识考核,也有学科核心素养能力和价值观的考核和提升,符合学生的认知水平和能力。

（二）单元教学目标设计

以学生的认知起点为基础,从三个维度,即知识与技能,过程方法与能力,情感、态度与价值观,预设学生参与这一单元的教学活动的学习结果。从整体上统筹规划学生学习需要建构的核心知识、关键能力和必备品格,凸显学习过程的整体性、递进性、关联性。

知识与技能对应单元教学内容的落实,根据布鲁姆（B. S. Bloom）教育目标分类学中认知过程维度,可以用识别（辨认）、理解（解释、举例、分类、总结、推断等）、应用（执行、实施等）等行为动词表述。过程方法与能力对应与单元主题相联系的、具体的、关键的学科能力以及所需的学习经历和体验的培养,即通过探究、辨析、讨论等环节,运用思维方法,培养学生分析和解决问题的能力等。情感、态度与价值观,对应必备品格的养成,指向核心素养的培养,可用以认同国家制度,增强制度自信等。

就学生而言,他们对于中国特色社会主义经济建设中社会主义市场经济体制的原理不太了解,更谈不上理解和把握了,感觉与自己的生活联系不够密切。

因此,教师应尽可能地结合现实中的经济现象,选择真实、典型的案例,围绕议题,创设情境,教学中要注重诱导、点拨,坚持政治性与学理性的统一。

本单元的单元目标设计,将情感、态度与价值观的培养,知识的学习,能力的提高与思想方法、思维方式的掌握融为一体。

1. 结合我国的基本国情和现阶段经济发展实际,了解我国社会主义市场经济体制发展的历程,坚定对这一基本经济制度的认同。

2. 结合经济生活的案例,说明合理资源配置的必要性,分析市场如何配置资源,评析市场机制的优点与局限性,进一步领会在市场配置中市场的决定性作用。

3. 结合经济运行中宏观调控的具体问题情境,能够针对某一具体情况,提出更好发挥政府作用的建议;能够进一步领会社会主义市场经济体制的优越性,坚定中国特色社会主义制度自信,坚定中国特色社会主义信念。

4. 结合具体生活事例,辨析经济运行中市场与政府的关系;解析宏观调控的主要目标和手段;自觉坚持社会主义市场经济体制。

(三)单元作业目标设计

本案例依据本单元的教学目标和学生的实际情况,设计了以下单元作业目标。

1. 分析典型案例,能够说明市场在资源配置中如何发挥决定性作用,体会市场运行的三大机制。

2. 搜集市场机制有效或失灵的具体案例,分析和归纳市场机制发挥作用具备的条件,就如何更好地发挥政府作用提出建议,并在课堂进行展示、交流,体会"两只手"优于"一只手"的重要性。

3. 搜集相关实例,就"政府如何随着宏观调控形势的变化合理运用调控手段"开展课堂微论坛,感悟构建科学的宏观调控体系,从而促进国民经济平稳运行。

4. 搜集典型实例,辨析经济运行中市场与政府的关系,并在课堂上进行交流,进一步领会社会主义市场经济体制的优越性,坚定中国特色社会主义制度自信。

(四)单元作业设计

每课时作业之间存在层层递进的逻辑关系。我们力求从生活入手,首先,巩固落实基础知识;然后,创设典型的情境,设计有针对性的问题,强化辨析,引导学生选择积极价值引领的学习路径;最后,设计实践性活动,使学生身临其境,参与其中,实现理论与实践相结合,理解并认同国家制度。设计意图如下:

第一课时:"资源配置"的作业设计从识记资源配置到通过情境探究、课堂讨论、知识补充等说明资源配置优化的意义,培养学生节约资源,保护环境,积极主动参与到社会经济生活中去,从身边的小事做起,提高自我的社会责任感和参与度。

第二课时:"市场(一)"的作业设计从识记市场的含义到案例分析理解市场的特征和原则,再到设计开放性的作业类型,即运用市场的开放特征,让学生理性思考我国的经济发展态势,提高逻辑分析能力、思维判断能力、综合运用能力,培养学生的科学精神。

第三课时:"市场(二)"的作业设计从阐释市场运作的三大机制到通过情境探究、案例分析、制定合理的方案,运用市场运作机制的知识解释市场经济相关的社会现象,预测市场的变化发展趋势与可能结果。以钢铁的发展作为情境导入,围绕钢铁的发展现状、未来发展空间等引导学生进行层层深入式的探究,深刻领会市场运行的三大机制的工作原理,提高学生的分析能力,提升学生的思维判断能力和逻辑思维能力。

第四课时:"市场经济(一)"的作业设计从描述市场经济的含义及功能到通过情境探究、案例分析、逻辑判断领会市场经济发挥的功能,再到运用市场经济的功能分析社会现象并提出可行的建议,使学生认同国家制度,增强对我国经济发展的自信。

　　第五课时:"市场经济(二)"的作业设计从阐述市场经济的法律保障和道德建设的具体内容及其对市场经济发展的重要意义到通过对市场经济现象的问题探究,即对此进行判断、阐释原因、理性辨析等,分析与市场经济的法律保障和道德建设相关的社会现象并揭示本质,再到对时下出现的一些经济问题进行理性分析并对观点做出恰当的判断,提高学生的分析能力和提炼信息的能力。

　　第六课时:"宏观调控(一)"的作业设计从理解宏观调控的目标,到运用宏观调控目标解释社会经济现象,增强对我国宏观调控政策的认同感。

　　第七课时:"宏观调控(二)"的作业设计从理解说明宏观调控的手段到陈述国家宏观调控手段的实施过程并分别演绎其结果,再就"解决就业问题主要靠政府还是劳动者?"开展课堂微论坛,激发学生关注时政的热情。

　　第八课时:"市场调节与宏观调控的关系"的作业设计比较了市场调节与宏观调控,归纳了市场与政府的关系;通过小组讨论、问题探究、社会实践等活动,分析与评价市场经济条件下的国家宏观调控,让学生有探究兴趣,从而增强制度自信,自觉依法参与社会经济生活。

　　(五)单元作业设计特色

　　1. 典型情境与学科内容的融合,体现学科核心素养发展水平

　　本案例每一课时的作业设计都是在一个典型的、整体的情境下开展的不同层次、不同能级的学习任务,分为"知识巩固""探究运用""走进生活"三个层次:"知识巩固"关注学生学科知识、学科内容的学习情况;"探究运用"注重学生对所学知识的运用能力;"走进生活"侧重于学生必备品格的养成,使其逐步形成正确的价值观念。不同的层次创设不同级别的情境,有简单情境、一般情境、复杂情境,不同的情境体现不同水平的学科核心素养。课程的学科内容与学科核

心素养水平相对应。例如：第五课时的作业设计中，让学生在学习了市场经济的含义、作用等知识后进一步研究如何完善的问题，即加强法治建设和道德建设的问题。

2."教·学·评"一致，提升学生学业质量水平

以现行的《上海市高中思想政治学科教学基本要求》为依据，从培养学生学科核心素养出发，强调作业、试卷的题目与社会实际和学生生活的联系，注重考查学生在具体情境中综合运用所学知识分析和解决问题的能力。尝试从学科核心素养方面评价学生的学业水平，研究基于单元教学设计的考试命题可能方向，推动"教·学·评"一致性研究，以提高评价的科学性、公正性和操作性。

我们的作业和试题设计考虑的不仅仅是教师教了什么，更多地考虑的是学生学会了什么。根据题型的不同，既有唯一答案的作业题，也有答案开放的作业题；既有只需呈现最终答案的作业题，也有需要解释答案理由与展现解题过程的作业题。

根据思想政治学科核心素养评价的特点，我们的作业和试题设计中有相当数量的开放式作业，如读书交流会的作业，撰写提案的作业等。设计这些作业的评价标准，兼顾共同性与差异性。选择不同视角，运用不同素材，采用不同思路，表达不同见解，提出不同的问题解决方案。透过这种有差异的解题过程与思维过程，划分评价等级，判断学生在特定情境中学科任务完成的情况，推断其学科核心素养发展水平。此外，我们不仅有基础性作业，还有实践性作业、弹性作业和跨学科作业，在提高作业设计质量的同时，提升学生学业质量水平。

3. 知行合一，学生成为生活和学习的主人

国务院发布的《关于深化教育教学改革全面提高义务教育质量的意见》中指出，要"树立科学的教育质量观，坚持知行合一，让学生成为生活和学习的主

人"。本案例的设计在课堂内,创设真实的、贴近学生实际的生活情境,针对情境提出议题,引导学生步入辨析式的学习路径,提高学生辩证思维、逻辑思维和质疑反思等思维能力,进而有效提升学生的学科核心素养。课堂外,开展社会实践活动,拓展教学空间,对社会问题进行更深入、更客观的思考和评价,培养学生的创新精神和实践能力,增强学生的社会责任感,使学科核心素养落到实处。

例如:设计读书交流会和撰写社会调查研究报告等形式的长作业,旨在通过这样的作业形式提高学生学习的积极主动性。学生通过学科学习,逐步形成正确价值观念、必备品格和关键能力,提升学生合作与探究能力、辩证思维与批判思维能力、发现问题和解决问题能力、实践和创新能力等,使学生真学、真懂、真信、真用,有效实现思想政治课的价值引领。

(六)单元作业设计反思

国家推进大中小学思想政治课一体化建设,推动思想政治课建设内涵式发展。我们的作业和试卷设计应该顺应改革趋势,开展单元作业设计,加强大中小学科内容的融合,创设连贯性的情境。

《普通高中思想政治课程标准(2017年版2020年修订)》指出,综合性、活动型学科课程是思想政治课程"专享"的标识性概念。我们的作业和试卷设计应该按照课程改革的要求,创新作业形式,优化作业评价机制,重视个别化作业的设计,提高作业设计质量。

"教育+互联网"迅速发展,信息技术与教育教学融合应用,我们的作业和试卷设计应该改变传统模式,采用"线上""线下"的答题方式,提高学生的答题兴趣。

二、学案类作业的设计

学案类作业是指教师根据学生的认知水平编写的,供学生自主学习使用的书面学习方案。学案在教师的教与学生的学之间搭建了一座桥梁,对达成教学目标有着极其重要的作用。学案类作业的设计和实施一般有三个要点,即学习目标,问题导向,自主探究。通过这三个要点的运用使学生明确学习目标、获得知识储备、完成科学的知识重构,并在实践中获得能力的提升。学生借助学案类作业实现继续学习和自我评价,教师依据学案类作业进行教学评价和教学调整,作业结果作为后续教学资源。如何从促进学生深度学习的视角进行学案类作业的设计,笔者在教学实践中进行了一些探究。以统编教材必修 4《哲学与文化》第二单元第四课"人的认识从何而来"为例。

（一）明确学习目标,提供方法指导

教师在设计学案时,应该为学生设计明确的学习目标,并且将其贯穿整个学习过程,而且学习目标应该根据课程标准由浅入深,递进式地设计,让学生知道这堂课"我该学什么、我该做什么、我该怎么做"。学习目标包括知识目标、能力目标、情感目标,知识目标在学案中直接体现出来,能力目标和情感目标在学案各环节的设计中体现出来。

例如,在"人的认识从何而来"的学案中,可以这样设计学习目标:学生知道实践的含义、基本特征和基本形式;理解实践是认识的来源,懂得最终只有通过实践才能形成认识,获得知识;理解直接经验和间接经验的关系。学习目标中的"知道、理解、懂得",为学生指明了学习的方向和要求,学生对这一课的学习目标有了明确、清晰的了解,知道应该做些什么,应该怎么做。

除了要明确学习目标外,教师还要为学生提供学习方法的指导,站在学生的角度去思考怎样的学习方法适合自己完成学习目标,帮助学生完成学习目标,达到学习效果。在学案设计时,教师要把对学生学习方法的指导融入每节课具体的学习内容中,如阅读教材时,查阅哪些资料、如何查阅资料、到哪里去查阅资料、如何归类整理、如何总结提炼等都应在学案中明确指出;有关学习的前期准备也应该在学案中交代清楚,如学习该部分知识应先复习哪些已学知识,应做哪些课前准备等。

(二)精心设计问题,训练学生思维

学案的问题设计要有启发性、递进性、层次性。在设计中要考虑不同层次学生的学习水平,要设计各种题型,形成一整套立体的学习知识体系。问题设计要由浅入深,有一定的层次和梯度。从思维过程上讲,在学案学习中,学生应经历"感性思维—理性思维—辩证思维"的学习过程,在引入已有知识的基础上逐渐掌握新知识,完成知识能力的迁移,融合旧知与新知,培养和发展思维能力。

例如,在"人的认识从何而来"的学案中,可以设计以下问题:

(1)课前预学题:什么是实践? 如何区分实践活动? 实践活动的形式有哪些?

(2)课堂质疑题:我们获取知识的主要途径是学习书本知识,与"一切真知来源于实践"矛盾吗? 是否意味着来源有两个:实践和书本?

在科学发现、科学发明中往往有灵感的作用,这与一切真知来源于实践是否矛盾? 为什么最终只有通过实践才能形成认识,获得知识?

结合高中阶段亲身参与的实践活动,谈谈参加实践,尽可能多地获得直接经验,是否对中学生而言尤为重要?

(3)课后探究题:请从我们的教材中搜集、概括体现"实践是认识的来源"的实例。

问题的设计包括课前的预学题,课堂的质疑题和课后的探究题。设计的问题层层深入,符合学生思维发展,考核学生多方面能力,满足不同层次学生的需求,这符合思想政治课教学的实际需要,增强了学生对政治课的兴趣。

此外,问题设计时,不应该回避现实问题、敏感问题,尽量做到用教材原理分析、评价这些问题,解开学生的思想疙瘩。例如,在"我国走和平发展道路"的学案中，根据学生事先的预习提问，可以设计这样一个问题：如何理解有些西方国家提出的"中国威胁论"与我国的和平发展道路之间的关系？"中国威胁论"是目前时政上的敏感话题，用教材原理分析时政敏感问题，不仅可以让学生理解我国的对外政策，能深入透彻地看待这个问题，而且可以解开学生的思想疑惑，吸引学生的兴趣。

（三）注重自主探究，挖掘学生潜能

学案是从学生的角度来设计学生的学习内容和学习活动。学案的设计应该对学生的自主学习有引领作用，能够体现对学生思维能力、分析能力的培养。

例如，在"人的认识从何而来"的学案中，可以设计构建知识框架的内容。先前没有设计这个环节，实践下来，学生上完一节课，在理解上还存在问题。构建知识框架可以培养学生的分析能力，符合政治课教学的要求。学生在构建知识框架的过程中，不仅做到了复习巩固，而且对教材内容有了深层次的理解，理清了知识点之间的逻辑关系，从而自觉地接受教材的基本原理。

同时，教师在认真钻研教材，深入分析学情、生情的基础上，还要准确把握教学内容的重难点，帮助学生迅速理清应该掌握的内容。

例如，在"人的认识从何而来"的学案中，直接经验和间接经验的关系是本课的重点，对二者关系的理解和处理既关系到学生能否坚持辩证唯物主义，也关系到学生能否产生积极投身于实践的自觉行为。一切真知最终来源于实践，来自直接经验，但青年学生拥有的知识大部分是书本知识，属于间接经验。如何教会学生区分直接和间接经验呢？在以往的学案中，要求学生在教材中找出区分直接经验与间接经验的知识内容，并举例说明。实践下来，学生找到了相关知识，但不会举例，或者会举例但不会分析，缺乏认识的深度，学生其实并没有真正地理解。为此，可以设计表格让学生区分，如表 3-6 所示。

表 3-6   区分直接经验和间接经验

哲学现象	是直接经验还是间接经验	判断理由
读书看报		
参加学农		
聆听讲座		
上网学习		

要求学生从现实的哲学现象出发,学会区分直接经验与间接经验,特别是要求学生写出判断理由。这样的设计,学生不能仅仅停留在是与否的判断,必须要认真阅读教材,并且运用教材的知识来判断,帮助学生理清直接经验与间接经验的区别,学生理解了知识内容,才能学以致用。

教师优化学案设计,只是构建高效课堂的前奏,构建高效课堂还要科学处理教学中的各环节,有效落实教学环节,发挥学案在教学中的作用。使用好学案,不仅有利于教师的课堂教学,而且有利于学生知识的消化、理解,最终达到运用的目的,从而提高政治课教学的有效性。一般来说,学案的使用通过课前预习、课堂学习、课后巩固、拓展延伸四个阶段来实施。

总之,在作业设计的主体上要实现多样性;在作业的内容上,要根据三维目标选择有意义的学习任务;在作业设计的目的上,要整合知识和能力;在作业的形式上,要根据学生的兴趣和需要选择多种形式;在作业的布置上,要把握合适的时机;在作业的操作过程中,要给予适当的指导;在作业的反馈上,要开展及时有效的点评。

三、理论探究类作业的设计

理论探究类作业是单元作业中的一种形式,它属于书面表达型作业,以纸笔答题的方式完成。理论探究类作业的目标是学生围绕需要探究的理论内容,综合运用学科知识,探究理论的产生、发展的过程,论证理论的科学性以及这一理论对实践的指导意义。在探究科学理论的过程中,以学生的认知起点为基础,将情感、态度、价值观的培养,知识的学习,能力的提高与思想方法,思维方式的掌握融为一体,预设学生参与这一课的教学活动的学习结果。如何从促进学生深度学习的视角进行理论探究类作业的设计,笔者在教学实践中进行了一些探究。

以统编教材必修 1 第一课《社会主义从空想到科学、从理论到实践的发展》为例。

图 3-10 是统编教材必修 1 第一课《社会主义从空想到科学、从理论到实践的发展》的一份理论探究类的作业案例,将"人类社会发展的一般规律"作为理论探究的内容,探究这一理论的产生和发展,论证这一理论的科学性,理性辨析与评价这一理论的价值所在。仔细观察这份案例中作业目标的设计,存在以下问题:

必修 1 第一课　社会主义从空想到科学、从理论到实践的发展

一、探究的理论内容

人类社会发展的一般规律。

二、作业目标

图示人类发展不同社会形态的演变趋势,描述不同社会形态的特征,了解人类社会发展的进程,论证人类社会发展的一般规律。

三、作业内容

图示封建社会和资本主义社会的演变趋势和特征。

作业要求:

1. 阅读教材,查阅资料。

2. 图示清晰,解说简洁。

3. 小组合作,分工合理。

4. 形式多样,例如:手绘海报,电脑制图等。

5. 体现演变趋势和特点,例如:生产力、生产关系、基本矛盾,阶级等。

图 3-10　作业案例

第一,作业的目标设计不规范。体现在缺乏对作业目标的深入思考,缺少作业目标设计中的条件设定和学习结果的预设;目标中行为表现的陈述不够规范；忽视对学生学科素养目标的培育，特别是不同素养水平的培育。

第二，作业内容与作业目标不匹配。体现在作业目标的要求在于探究不同社会形态的发展轨迹，揭示人类社会发展的一般规律，而作业内容给出的是比较两种具体的社会形态的演变过程，作业内容设计与目标设计脱节，不利于作业目标的最终达成。

第三，理论探究的"味"不浓。理论探究类作业的目标与其他类型的作业目标是有区别的，理论探究类作业的目标设计有它的特点，目标中应该体现对某一具体科学理论内容的探究过程，而案例的目标中缺乏对理论的探究过程。

那么，该如何进行理论探究类作业的设计呢？

（一）依据单元教学目标

依据单元教学目标是理论探究类作业的目标设计的基础和前提。教学目标是作业目标来源之一。依据单元教学目标，确立作业目标。理论探究类作业目标的设计需要依据单元的教学目标。

第一课的单元教学目标设计如下：

结合人类社会发展的具体情境，了解人类社会发展的一般过程，阐明人类社会发展的一般规律，明确人类社会发展的历史进程取决于社会基本矛盾运动。

结合相关历史实例，比较不同国家、不同地区在社会形态上更替的差异，阐明人类社会发展历史进程的统一性和多样性，明确人类社会发展的一般进程是由各国、各地区、各民族的多样性反映出来的。

结合相关文献资料，概述社会主义从空想到科学、从理论到现实的历史轨迹，阐明人类社会发展的趋势，分享对科学社会主义理论的感悟，表达对共产主义社会的憧憬。

设计本单元的教学目标为理论探究作业的目标确立和作业结构的确立提供依据。

（二）确定探究的理论内容

确定探究的理论内容是理论探究类作业设计的必备条件。如何确定探究的理论内容,也要依据单元教学目标的内容。必修 1 第一课的教学目标中明确指出这一单元主要研究人类社会发展的进程与趋势,探究人类社会发展的一般规律。

以"人类社会发展的一般规律"作为理论探究的内容有一定的探究价值。中国特色社会主义进入新时代,意味着科学社会主义在 21 世纪的中国焕发出强大生机活力,我们坚信科学社会主义,是因为我们清楚我们从哪里来,我们将到哪儿去,以及人类社会的发展的总趋势是什么。我们为什么能坚信呢? 这个问题就需要对人类社会发展的规律进行探究,所以要将"人类社会发展的一般规律"作为理论探究的内容,设置学习任务,探究这一科学理论的产生、发展,探究这一科学理论对实践的指导作用。

（三）分析国情、校情、学情

分析国情、校情、学情是理论探究类作业设计的必备环节。作业的主体是学生,教师在设计作业目标时需依据学生的实际情况,在充分考虑学生的知识储备、心理特征、学习能力等不同条件的基础上设计作业目标,在尊重学生差异的基础上设计不同层次的作业。理论探究类作业的设计与一般作业设计有所不同,目标中应体现对理论的探究过程,还应体现科学理论对实践的指导作用。

中国特色社会主义不是从天上掉下来的,是遵循人类社会发展的轨迹,即遵循人类社会发展的一般规律,通过不断实践而来的。对于高一学生而言,在初中的历史课上已经初步学习过人类社会发展的一般趋势,但是初中的学习主要从历史的角度研究人类社会发展的进程和趋势,侧重于史料的解读;而高中的学习主要着眼于人类历史发展的历程,进行科学社会主义基本原理的理论教育。学生结合史料,围绕人类社会发展的进程,以绘图的方式,理解不同社会形态的特征。学生在完成这一学习任务的过程中,深化对人类社会发展规律的认识,坚定社会主义必胜的信念。此外,面向不同群体的学生应该设计不同等级的作业目标。

（四）规范作业目标的撰写

规范作业目标的撰写是理论探究类作业目标设计的关键步骤,是前面三个设计步骤的具体体现。理论探究类作业的目标撰写应包含四个方面的要素：行为主体、行为条件、行为表现、行为结果。

案例中，必修 1 第一课《社会主义从空想到科学、从理论到实践的发展》理论探究类作业目标设计如下：

图示人类发展不同社会形态的演变趋势，描述不同社会形态的特征，了解人类社会发展的进程，论证人类社会发展的一般规律。

作业案例是对"人类社会的一般规律"的探究。人类社会发展的一般规律是正确的理论，是真理。真理是具体的，有存在的范围和条件；如果超出这一范围和条件，真理就会变成谬误。所以目标中要有对这一科学理论存在的条件描述，即我们是在什么条件下来探究"人类社会发展的一般规律"，这个条件是人类社会发展的历程。由此，进行这样的修改"结合人类社会发展的历程，查阅相关历史资料"，添加行为条件这个要素。

撰写作业目标时，应该用可观察、可测量的行为表现来表达。案例中用到了"图示、描述、了解"等行为动词，这是比较可测量的。而且，作业目标的呈现方式，对行为表现的陈述应按照"行为条件能够行为动词"这样的逻辑。加上了行为条件后，后面的行为动词"图示、描述"的内容就符合逻辑了，学生经过学习后能够做什么，应该做什么，更清晰了。

案例中，作业目标的撰写还缺行为结果，即学生在探究"人类社会发展一般规律"过程中探究到了什么，达到了什么样的结果，在这个过程中特别要有学科核心素养的培育，从整体上统筹规划了学生学习需要建构的核心知识、关键能力和必备品格，凸显学习过程的整体性、递进性、关联性。由此，将其修改为"深化对人类社会发展规律的认识，坚定社会主义必胜的信念"，即添加"行为结果"要素。

修改前和修改后的两份作业目标如表 3-7 所示。

表 3-7 作业目标

修改前	修改后
行为表现:图示人类发展不同社会形态的演变趋势,描述不同社会形态的特征,了解人类社会发展的进程	行为主体:(可参略) 行为条件:结合人类社会发展的历程,查阅相关历史资料 行为表现:图示人类发展不同社会形态的演变趋势,正确阐述不同社会形态的特征,解释人类社会发展的根本动力 学习结果:深化对人类社会发展规律的认识,坚定社会主义必胜的信念

修改后的作业案例如图 3-11 所示。

必修 1 第一课 社会主义从空想到科学、从理论到实践的发展

一、探究的理论内容

人类社会发展的一般规律。

二、作业目标

结合人类社会发展的历程,查阅相关历史资料,图示人类发展不同社会形态的演变趋势,正确阐述不同社会形态的特征,解释人类社会发展的根本动力,深化对人类社会发展规律的认识,坚定社会主义必胜的信念。

三、作业形式

【作业 1】 结合人类社会发展的历程,图示人类社会发展不同形态的演变趋势和特征。

作业要求:

1. 阅读教材,查阅资料。

2. 图示清晰,解说简洁。

3. 小组合作,分工合理。

4. 形式多样,例如:手绘海报、电脑制图等。

5. 体现不同社会形态演变趋势和特点,例如:生产力、生产关系、基本矛盾、阶级等。

【作业 2】 展示成果

作业要求:

1. 每组选派代表展示,时间控制在十分钟以内。

2. 内容呈现合理,体现科学性。

3. 表达清晰明了,体现逻辑性。

4. 作业成品,作为一期板报展示。

图 3-11 修改后的作业案例

　　总之,理论探究类作业的设计主要步骤有:梳理探究的理论内容,依据单元教学目标,确定探究的理论内容,分析国情、校情、学情,规范作业目标撰写,这些步骤紧密联系,缺一不可。

　　应当来说,在教学实践中,单元作业的实施过程一般都要历经螺旋上升的三阶段——即课内学习阶段、课外实践阶段、课后评价阶段。而在作业设计方面,则力求从单元整体视角入手,深入研读文本与学情,将单元核心知识目标向能力目标、素养目标自然过渡并进行整合,推进学生用语言做事的过程。通过基于深度学习的作业设计,学生参与的不再是碎片化学习,而是一个持续性、系统性的学习过程。透过深度学习的作业设计,学生才能真正了解该单元到底学什么、有什么用、能做什么。

第三节　基于深度学习的学生活动

　　体验与深度学习有紧密联系,以体验为核心的社会实践是深度学习的维持机制。许多时候,课堂教学很难让学生对某些问题实现真正理解,但通过学生亲身体验却可以很快达到很好的效果。当前,思想政治课程已经形成了注重社会实践活动的传统,并坚持教育生产劳动、社会实践相结合。贴近时代、贴近生活、贴近学生(即"三贴近")的社会实践活动显得更为重要,学生实践活动与深度学习相融合,发展学生的学科核心素养。因此,要开展基于深度学习的社会实践活动。

　　教师可以从学生的未来发展着眼,组织学生开展职业调研、职业体验,如参加农业活动、体验工厂劳动、参加公益活动,提供各种社会服务,以丰富学生社会生活经验,感受来自生活实践的需求,提高社会能力。

　　2021 年,我们借助华东师范大学的平台,组织学生走出教室,迈入社会实践活动的大课堂,串联知识经验与实际生活,推动劳动精神在学生心里落地生根,开展"劳动创造美好生活　投身强国伟业"社会实践活动,包括以工匠精神为核心的"我们的大国工匠:上海和新疆孩子的对话"、以劳动精神和抗疫精神为核心的"春节战'疫':上海的 24 小时"、以劳模精神为核心的"上海劳模故事:中学生讲给小学生听"三个主题活动。

项目一　我们的大国工匠:上海和新疆孩子的对话

活动背景:在 2020 年 11 月 24 日的全国劳动模范和先进工作者表彰大会和 2020 年 12 月 10 日致信祝贺首届职业技能大赛举办中,习近平总书记提出了"大力弘扬劳模精神、劳动精神、工匠精神",这三种精神是我国以爱国主义为核心的民族精神和以改革创新为核心的时代精神的生动体现,也是鼓舞全党全国各族人民的强大精神动力。长期以来我国形成了执着专注、精益求精、一丝不苟、追求卓越的工匠精神。而无论时代怎么变,工匠始终是中国制造业的重要力量,是创新创业的重要力量。在迈向"十四五"规划的新征程上,我们亟须一大批具有工匠精神的劳动者,亟待让工匠精神在全社会更加深入人心。在中学生教育成长过程中,中共中央提出要把崇尚工匠精神纳入人才培养全过程,实现大中小、家庭学校社会一体化。在课程学习与社会实践中培育学生的工匠精神是当今学校教育的重要使命。

活动目标:帮助中学生梳理、认知我国传统、现代、身边的工匠故事,培育崇尚、学习、践行工匠精神的素养,为投身我国的强国伟业尝试作出自己的贡献。

参与学校:华东师范大学、上海市宝山中学、乌鲁木齐第七十八中学、乌鲁木齐第六十六中学、库车第三中学

活动时间:2021 年 1 月 25 日—2021 年 2 月 9 日

活动计划:上海市宝山中学 12 名学生在负责人的带领下开展探索中国传统工匠故事、现代工匠故事,组织线上交流,向新疆中学生进行分享;新疆中学

生在观摩后,与上海中学生结对,共同调研身边的工匠故事,并进行汇报展示,如表 3-8 所示。

表 3-8　汇报展示

时　间	内　　容	备　注
2021 年 1 月 25 日	1. 负责人开展参与学生线上会议,明确任务内容 2. 明确阶段任务:负责传统篇和近代篇的学生开始共同合作,通过资料搜索、实地考察(如纪念馆)等途径,完成调研	1. 成果:每一个故事均采用 ppt 汇报与公众号推文两种形式展示 2. 记录:会议过程及学生调研中需拍摄照片
2021 年 1 月 29 日	上海市宝山中学学生完成阶段任务	递交指导老师检查
2021 年 2 月 1 日	线上交流一("传统篇""近代篇"): 1. 由上海的负责人和新疆的负责人组织,搭建线上交流平台(腾讯会议),负责人开场主持,简单介绍活动项目—由上海的两名学生代表向新疆的学生分享传统与近代工匠故事,并展示前期成果(公众号推文)—剩余时间双方学生互动;组成四个交流小组,初步讨论"上海篇"和"新疆篇"的考察计划—负责人布置活动任务 2. 明确阶段任务:双方学生交流协商后初步确定"上海篇"和"新疆篇"的主题,每篇两则(如食品类:上海的大白兔奶糖 vs 库尔勒香梨),并开始调研,完成阶段成果(图片、文章、视频讲解/ppt 讲解)	1. 会议参与人员:活动负责人、新疆指导老师、双方 12 名学生 2. 交流小组成立后,双方学生添加联系方式,用于平时的线上沟通 3. 记录:会议过程中需拍摄照片 4. 主题明确后,联系负责老师,双方可使用项目经费邮寄部分调研产品
2021 年 2 月 5 日	双方学生完成阶段任务	1. 成果:每一则工匠故事需递交一份 ppt,一则推文,一份小视频(视频可选) 2. 调研过程拍照记录
2021 年 2 月 8 日	线上交流二("上海篇""新疆篇"汇总): 上海 12 名学生通过腾讯会议平台讨论各自成果,组织最后的汇总工作;新疆 12 名学生也相应开展线上会议进行讨论,确定分工(ppt 修改整合,汇报人等)	1. 汇总只需准备最终展现形式(如视频/汇报/讲故事等) 2. 会议主要由双方学生自己组织

续表

时　间	内　容	备　注
2021 年 2 月 9 日	线上交流三(总结、汇报展示篇): 1. 双方学生开展汇报展示"上海篇""新疆篇"(每组半小时),活动全部成员共同参与观摩 2. 彩蛋部分:录制双方学生的活动感想 3. 负责人总结	成果:制作主题活动彩蛋推送(学生可自愿报名)

活动成果:微信公众号推送文章,包括五篇工匠故事调研成果、一篇活动故事及活动收获、一篇新闻稿《大国工匠:上海和新疆孩子的对话》。《新疆日报》《劳动报》对活动成果也作了相应报道。

至今,活动已圆满落幕,参与活动的学生和老师们纷纷为此次活动点赞,表示半个多月的学习让自己收获颇多,并期望后期还能组织开展跨学段的对话活动,促进学生们的成长。学生有如下感受:

学生甲:"参加这个活动前期,我的想法就是稍微听说过电视里的那些所谓工匠精神,起初看这些会有点不耐烦,觉得有点费时间,但是通过这次的活动,我觉得每个小故事背后都存在着我们对每件事的执着坚持,也就是工匠精神。"

学生乙:"通过与上海和乌鲁木齐同学的交流活动,我不仅了解了青花瓷的悠久历史,也知道了新疆烤包子中的工匠故事。而通过亲身实践探索,我知道了大馕的制作过程,感悟到制作好一个大馕,需要上千次揉面,也对大馕工匠千百次不辞辛苦、把大馕送入火热的馕坑只为烤好每个大馕的精神感到敬佩。"

学生丙:"非常感谢老师给予参与此次活动的机会。经历了这次活动,不仅增加了我与同学之间的友谊,拓宽了我的知识视野,还能与新疆的孩子进行友好的交流,让我受益匪浅。"

项目二　春节战"疫":上海的 24 小时

活动背景:劳模精神、劳动精神、工匠精神是鼓舞全党全国各族人民风雨无阻、勇敢前进的强大精神动力,劳动精神是培育劳模精神和工匠精神的深厚土壤,在长期实践中,我国形成了崇尚劳动、热爱劳动、辛勤劳动、诚实劳动的劳动精神。

活动目标:帮助学生了解、认知身边的抗疫故事,学习热爱劳动、辛勤劳动的劳动精神和生命至上、举国同心、尊重科学的抗疫精神,培养尊重劳动、崇尚劳动的意识,体会幸福生活劳动创造的道理;促进中学生的社会调研、人际交往、视频录制剪辑、文章写作的能力。

活动时间:2021 年 1 月 25 日—2021 年 2 月 9 日

活动计划:上海市宝山中学 16 名学生在负责人的组织带领下,两两合作,从八个职业视角切入,记录春节前夕上海市 24 小时的劳动战疫故事,如表 3-9 所示。

表 3-9　活动成果

时　间	内　容	备　注
2021 年 1 月 25 日	1. 负责人开展全员线上会议(腾讯会议),明确活动主要内容、任务、作品递交时间并进行分工 2. 人员安排(可安排 1—2 名组长):16 名学生两两合作组成 8 个职业小组,2 个学生共同完成职业抗疫调查(拍摄照片、录制视频、采访等) 3. 职业选择参考: 　生活保障:早餐摊点、清洁人员、外卖人员、教师网课、公安民警 　社区防控:社区工作者、物流管理人员、购物中心防疫人员 　交通保障:火车站客运员、道路管控人员、城市公交 　医疗保障:医生护士、科研人员 4. 成果递交形式:每组递交 3—5 张照片、1 份 30 秒的短视频,及简要文字说明,并递交一份职业抗疫故事文章	1. 记录:会议过程及学生调研中需拍摄照片 2. 在截止日期前,学生完成成果需递交负责人审核 3. 部分抗疫故事文章可向新媒体推送

时　间	内　　容	备　注
2021 年 2 月 1 日	1. 学生完成任务,递交负责人成果及调研过程的照片,负责人送交 8 个视频,进行专业剪辑 2. 学生志愿参与职业抗疫推送汇总篇撰写	
2021 年 2 月 8 日	线上会议:全员参与 学生(组长)组织召开腾讯会议,分享实践成果——视频《春节抗疫:上海的 24 小时》,部分推送文章,学习劳动战疫精神,展示学生们的劳动实践身影,学生交流活动感受	1. 照片、音频记录 2. 后期学生志愿参与彩蛋篇推送编辑撰写(2 月 9 日前完成)

活动成果:微信公众号推送文章,包括三篇精选职业抗疫故事,一篇职业抗疫汇总篇,一篇活动故事及活动收获(彩蛋篇);视频《春节抗"疫":上海的 24 小时》(投递视频网站)。

具体活动:

A 组两位学生来到环卫公司,见到了环卫工人们的真实工作场景。他们了解到环卫工人们不辞辛劳、早出晚归的工作方式,了解了融于工作与生活中的点滴温暖。他们为此感到十分荣幸,也向这些平凡而美丽的环卫工人们表示敬意。

B 组两位学生采访到了某知名教育机构的汪老师。通过对话,他们才知道对于汪老师来说,看似在家就能轻松完成工作的背后,是不为人知的困难和付出。在网课的初期,教师的身份也转换成了学生,他们也站在探索未知的领域。他们总结出了现存的问题,针对问题一起协商方案,并分组解决问题,经过努力才对网课模式得心应手。

C 组两位学生采访了抗击新冠疫情的主战场——宝山区中西医结合医院。自疫情发生以来,该医院在市委、市政府和市卫健委的领导下,十分重视新冠疫情防治工作,坚持全院一盘棋,全力以赴构筑抗击新冠疫情坚固防线,誓言要在此次战"疫"中发挥主战场作用,守护好宝山区人民的生命健康安全。他们了解到,宝山医院做到了从入口开始人工登记、高科技测温、医护人员测温的层层把关,落实到了各个细节。他们赞扬医护人员认真的态度与执着的工作热情。

D组两位学生采访了学校高三教学的张老师,他们记录了这位教师一天的网上答疑工作。从早上9点起,教师便要准备好教案与演示文稿,打开答疑所用的软件,并耐心等待学生们的到来。对于在春节期间仍然工作一事,教师并不介意,线上授课不仅丰富了学生的疫情期间的生活,也能保障学生们的学业,她认为这都是值得的。两位学生表示,像这位张老师一样坚守岗位、为抗"疫"出力的人还有许多,也正因为有他们,我们才有必胜的决心与信心。

E组两位学生来到了上海虹桥火车站以及上海虹桥机场二号航站楼。在春运开始的第三天对站内工作人员进行了采访,了解到了特殊时期春运工作开展时面临的问题,感受到了春运与疫情碰撞下的非同寻常的光景,虽冷清,可人们众志成城的心是暖的。

F组两位学生一大早便前往快递站点,细致地跟进了一位快递员一天的工作。他们了解到,在如此严峻的疫情期间,快递员们也在尽职尽责地工作着。为了防疫,他们先拿免洗洗手液洗手,再套上手套做双重防护措施,最后还不忘带上鞋套和口罩去客户家拿物件,这一切都做得井然有序,体现了我们日常生活中强烈的防范意识。

G组两位学生来到了街上,有幸了解到在疫情的影响下的早餐店摊主忙碌的一天,他们这才知道原来平凡的人们也有不平凡的一面。特殊时期,基层工作者所做的工作更是不可忽略。看到他们如此尽职尽责,还为环卫工人准备了免费的爱心早餐,心里瞬间暖暖的。感谢这些在疫情中作出贡献的人们,是他们提供给我们许多社会保障!

H组两位学生实地探访了社区工作者为居民防疫的工作。用手机拍摄了防疫工作者们身着厚重防护服为居民做核酸检测的场景。正是由于这些志愿者们不辞辛劳的工作,才让防疫工作有条不紊地开展。

本次活动旨在让同学们通过自己的行动了解不同职业岗位上的工作者们在疫情防控道路上做的努力。从毫无头绪到圆满完成实践考察活动,同学们都有所感悟、有所收获,纷纷表示期待再次参与这样的实践活动。希望同学们在未来的日子里,能够继续践行学习到的劳动精神与抗疫精神,争做优秀的劳动者。

项目三　上海劳模故事:中学生讲给小学生听

活动背景:劳模精神、劳动精神、工匠精神是鼓舞全党全国各族人民风雨无阻、勇敢前进的强大精神动力。长期以来,我国形成了爱岗敬业、争创一流、艰苦奋斗、勇于创新、淡泊名利、甘于奉献的劳模精神。2018 年,上海成立劳模馆,网络版上海劳模风采展上线,馆内依据历史发展脉络分为了领跑时代、社会主义革命和建设时期、改革开放时期、新时代四个主题。在思政劳动教育中,劳模故事亟须在中小学生中进行传播、学习,领会劳模精神,争做新时代劳动模范。

活动目标:高一学生在搜集、研究上海古往今来的劳模故事中感悟劳模精神,树立艰苦奋斗、勇于创新、甘于奉献的劳模意识;在与小学生的故事讲解中,提升口语表达能力与交际能力。小学一年级学生在聆听上海劳模故事中感受劳动的价值,在高一学生的带领下结合劳模故事树立个人职业梦想。

活动计划:上海市宝山中学 12 名学生通过参观上海劳模馆、网上搜集资料等途径了解古往今来的上海劳模故事,并将调查结果转化为绘声绘色的劳模故事,讲解给上海市一年级的小学生听,共同感受劳模精神,引领、激发一年级学生的个人梦想。

活动时间:2021 年 1 月 25 日—2021 年 2 月 9 日

活动成果:微信公众号推送文章,包括四篇上海劳模故事,一篇一年级学

生梦想汇总,一篇劳模故事实地讲解,一篇活动感受、体会推文,如表 3-10
所示。

表 3-10　成果展示

时　间	内　容	备　注
2021 年 1 月 24 日	线上会议:活动启动 1. 负责人组织开展会议(腾讯会议),明确活动的主要内容、人员分工、活动任务 2. 分工:12 名学生按照上海劳模风采馆的四大主题(领跑时代、社会主义革命和建设时期、改革开放时期、新时代)分为四组,每组选举一名队长以及一名总队长,依据活动任务进行分工 3. 任务:通过参观劳模馆、采访身边的劳模、搜集资料等多途径简要挖掘领跑时代、社会主义革命和建设时期、改革开放时期、新时代劳模故事——每一时期从一个劳模故事切入,进行细致的调查研究——将各时期的劳模故事转化为生动有趣的儿童故事,结合图片、视频等方式进行讲解	1. 记录:会议过程及学生资料搜集、合作过程中需拍摄照片 2. 安全:在搜集资料过程中注意防疫 3. 成果:文章写好后即可递交给负责人修改;儿童故事制作好后递交负责人审核,通过后即可
2021 年 1 月 29 日	在微信群内互相分享阶段成果	记录:12 名学生需熟悉每一则劳模故事
2021 年 2 月 1 日	线上会议:中小学生破冰活动 1. 具体计划:小学生根据学生的一句话提示猜测自己的队友是谁;小学生描述想象中的队友;学生猜测小学生的才艺和梦想 2. 结对活动:高一学生组长提前预约腾讯会议室,每个结对组开展组内交流,主题活动负责人进行跟踪了解,小学生可向结对的高一学生了解劳模的内涵等内容。小学生的个人梦想,高一学生聆听后进行回应、引导,设计梦想的表现形式。添加联系方式,便于之后交流 3. 组内交流后,所有人员回到主会场,活动负责人交代活动任务、劳模馆故事讲解活动注意事项 高一学生在自己的结对组内指导小学生设计个人梦想展示成果	记录:在召开会议时,三方(负责人、高一学生、一年级学生与家长)需拍摄参与会议的照片;线上会议结束后,每组组长向推送负责人交代组内交流内容、情况;之后由推送负责人收集材料后,撰写会议活动推送

续表

时　间	内　容	备　注
2021 年2 月 6 日—7 日	线下实践:劳模馆故事讲解 9:00 进场 9:00—9:45 结对组内高一学生带领一年级学生自由参观劳模馆,讲解劳模故事 9:50—10:00 全员在指定地点(需提前确定)集合 10:00—10:45 结对小组分别展示小学生的梦想成果(建议高一学生和小学生一起表演展示) 10:45—11:00 每组组长采集活动感言(高一学生、小学生、学生家长等) 11:00 带队组长找劳模馆工作人员在活动宣誓简章上敲章,总结活动,全体人员合照,活动结束	1. 记录:在活动过程中,每组组长、总带领队长、推送负责人需完成小组实践照片、集体照片、个人照片、劳模馆照片的收集;在故事讲解中,每组组长需用语音记录讲解的精彩内容与一年级学生听后的感受;有选择地录制视频 2. 小学生作品部分:每组组长根据每组的展示形式,用视频、文字等多种形式采集作品,每组都需记录

上海劳动模范风采馆共分为“开篇——领跑时代,感动中国”“艰苦创业,建设新家园——社会主义革命和建设时期的上海劳模”“敢为人先,开创新伟业——改革开放时期的上海劳模”“砥砺奋进,逐梦新时代——新时代的上海劳模”四个板块。主要陈列了新中国成立以来各时期共 154 位上海市优秀劳模代表的事迹,展示“爱岗敬业、争创一流,艰苦奋斗、勇于创新,淡泊名利、甘于奉献”的劳动事迹。

跟随着劳模讲解员的脚步,6 位紫竹小学的小学生围在一起,聆听着不同时期的劳模故事,学习着劳模精神。简单地浏览完劳模馆后,我们宝山中学高一年级的 12 名学生分为 6 个小组,给自己组内的一年级小学生讲解儿童版的劳模故事。印海蓉、谷超豪、刘翔、梁慧丽的事迹转眼都变成了绘声绘色的儿童版小故事。在谈笑间,小学生们不再羞涩,和哥哥姐姐们聊起了自己喜欢的东西,有的还将自己的作品展示给哥哥姐姐们,引起了一声声赞叹。(备注:以下

括号内为宝山中学高一组员）

刘同学小组（姜同学，朱同学）

刘同学非常喜欢恐龙，收集了很多有关恐龙的漫画和绘本，长大了想当考古学家。他的另一个爱好是照顾花鸟鱼虫，他和爸爸妈妈一起种植了很多花卉，养了很多小动物，也收集了很多相关书籍。

——朱同学

崔同学小组（姜同学，滕同学）

崔同学小朋友，擅长并喜爱画画，未来的梦想是当一名人民教师，她希望能够把自己所会的东西教给下一代的孩子们，为祖国以后的教育事业奉献出自己的力量。

——姜同学

杭同学小组（陈同学，吴同学）

杭同学的兴趣爱好很广泛，有画画、钢琴、围棋、跳舞，是一位多才多艺的小朋友。她立志在将来成为一名伟大的人民教师，培养下一代祖国的花朵。

——陈同学

在活动的最后，紫竹小学的学生们也都通过自己擅长的画画、唱歌、朗诵等形式展示了属于他们的劳模梦想。

正如前文所言，学生活动作为社会实践的组成部分，对于深度学习能够起到维持作用。通过亲身体验和经历，教学与劳动相结合，能够让学生更加明白知识的产生背景和缘由，加深对知识的理解。在当前素养本位、关键能力导向的课程教学观指引下，我们开展了指向深度学习的学生活动的尝试，其价值主要在于实现主体深度参与的情感驱动，追求深度思考的思维进阶，提升学生问题解决等关键能力。在深度学习的活动中，教师的主要任务在于"导思"，即"导"学生的"思"。要实现这一任务，至关重要的一点就是要精心设计问题及系列活动，通过高质量的问题来激发学生思维的主动性，激活其创造性，使学生的思维向更深处漫溯。

第四章

基于深度学习的教学评价

第一节　既有教学评价中存在的问题

深度学习评价贯穿于整个深度学习过程中,是深度学习不可或缺的重要组成部分。教学评价不仅是对学习者深度学习能力水平的评估,也是对深度学习过程及结果的评价,更是对深度学习目标的反思和修订。笔者将以深度学习的目标为导向,基于若干经典评价理论探究深度学习的多维评价方式,并结合教学实践,以期就"如何评价深度学习过程"这一问题进行尝试解决。

教学评价,包括对教师"教"的评价和对学生"学"的评价。教学评价对于学生来说,对其成长有促进作用;对于教师来说,能够促进专业发展和提高教学质量。目前,思想政治课教学评价机制较为单一的现象还广泛存在,主要体现在以下几个方面。

第一,教师对学生的评价更多偏向于知识层面,对情感态度、认同度、价值观、科学精神等的表现重视程度不够。实际上,思想政治课的一个重要目的是引导学生形成正确的世界观、人生观、价值观,以发展学生思想政治课核心素养为目标;是一门解决学生理想信念问题的课程;还是一门讲究仁爱情怀的有温度的课程,讲究对家国的爱。因此,思想政治课的重点并不仅限于课本上的概念、理论和知识,还涉及其他许多内容。但目前的教学评价显然更加注重知识的理解和学习。

第二,评价体系和方法仍然存在一定的僵化。教师对学生的评价具有激励和导向作用,教师需要根据学生不同的表现给予针对性的评价。然而,当前的评价体系和标准仍然是统一的、一致的，比较僵化的。一套评价体系和一份评价表往往被适用于所有学生。实际上，学生总是处于不断发展变化的过程中，学生的成长与发展道路也各不相同。思想政治课教育的意义在于引导和促进学生的发展与完善。教学评价同样如此，必须倡导对学生的评价要重视发展性、过程性、进步性功能，要关注学生成长的过程与个体差异。因此，教学评价要以学生的生理特点、心理特征、兴趣爱好等各方面的差异为基础。不但要通过教学评价促进学生在原有水平上的进步和提高，更要依据思想政治课教育培养目标的要求，发现学生的潜能，发挥学生的特长，了解学生发展中的需求，帮助学生认识自我、发展自我。

第三，缺乏用发展的眼光评价学生。在当前的教学中，教师过于看重总结性评价，忽略了过程性评价。大部分教师把当堂测验和考试成绩作为评价课堂教学效果的主要方式，过分注重分数，忽略了学生在学习过程中学习能力的提升。这样的评价缺乏灵活性和发展的眼光。课堂评价的导向决定了教学目标的导向，以总结性评价为主的教学评价，最终只会导致教师的教学和学生的学习以考试内容为重点，不利于学生核心素养的培养。美国教育家杜威曾提出"教育无目的"的观点，主张教育就是生长，教育就是生活，教育除此之外没有其他目的。实际上，教师对学生的评价在注重总结性评价的同时，还应将学习态度、与人合作、自主创新、积极交流、学习成果等纳入考察范围，重视评价体系的多样性，以发展和全面的视角来看待每一个学生。

第四，学生还较难成为评价的主体。既然是教学评价，那么评价就要既涉及"教"，又涉及"学"。教学评价作为课堂教学的有机组成部分，不但影响教学的进度和效果，而且影响学生思想品德和人格的发展。不过当前的教学评价往往是单向的，教师是评价主体，而学生是评价客体。学生接受教师评价，却没有对教师进行评价的权利。虽然在一些高校，学生已经可以在每节课的结束后对教师的授课进行评价，但在中学，学生对教师做出评价仍然是少见的。从现代教育理念出发,教学评价应当得到高度关注和有效改进,教学评价也不应只是教师的单向度的"终审裁定",而是教师与学生的相互评价。教师与学生的相互评价能够起到相互鼓励、相互提醒、共同提高、共同进步的作用。

第二节　深度学习中教学评价的原则和类型

一、教学评价的原则

为了体现教学与评价一致性,教学评价的原则应包括以下几个方面。

第一,政治性原则。政治性原则是思想政治课教学评价的指导和准则。思想政治课的教学评价必须坚持马克思主义信仰,坚持以马克思主义思想为指导,坚持中国特色社会主义制度,确保思想政治课教学评价的正确方向,避免教学评价违反社会主义的目标方向,避免对教师和学生形成误导。

第二,价值性原则。价值性原则是思想政治课培养学生的目标遵循,要求思想政治课不仅要对学生的知识学习进行评价,更要重视对学生的情感、精神、态度、认同、价值观等方面的教育、评价和引领,使学生形成正确的世界观、人生观、价值观。否则,教学评价就会偏离思想政治课的教育目标,影响到学生的全面发展,也影响到教师的教学内容和教学形式。

第三,发展性原则。发展性原则要求思想政治课的教学评价必须致力于学生的专业和全面发展,必须致力于教师在教学内容、教学手段和教学形式上的不断改进,教学评价本身不是目的。因此对于教学评价来说,既要重视总结性的评价,也要重视过程性的评价,既要注重对教学结果进行评价,也要注重对教学过程进行评价。让学生和教师在教学评价中依照目标对比分析,不断反思,找出问题,发现优点,进一步改进以实现教育和发展的目标。

第四，全面性原则。教学评价要体现全面性。不能因学生在某个环节略显薄弱就否定了学生的其他环节，不能只评价学生的学习结果而忽视对学习过程的评价，不能只用一种方法去评价所有的学生，不能仅从主观来对学生进行评价。因此，教学评价要立足全面，在全面考察的基础上得出，其体现在评价内容的全面性、评价方法的全面性、评价手段的全面性、评价信息的全面性、评价主体的全面性等多个方面。

第五，互动性原则。一方面，教学评价不仅包括教师对学生的评价，也包括学生对教师的评价。学生不仅是评价的对象，也是评价的主体。另一方面，教学评价要实现主体的多元化。要尝试让更多的评价主体参与进来，例如，家长、社会人士、企业家、社会组织人士、社区工作人员等等。教学评价主体的多元性和互动性，不仅有利于教师和学生的共同成长、共同进步，也有利于教学评价的政治性、价值性、全面性和发展性。

二、教学评价的类型

就教学评价的类型来说，形成性评价和表现性评价是两种主要的评价方式。

形成性评价是相对于传统意义上的总结性评价而言的，是教师按照教学目标，以多种形式或工具了解学生学习进展，并据此调整教学，不断满足学生学习需求的过程。可以看到，形成性评价与教学的关系非常密切。该评价方式注重的不是评价活动本身，而是教学的结果及学习情况。教师通过形成性评价了解教学中取得的成绩和存在的问题，调整或改进教学工作，使教学在不断地测评、反馈、调整过程中良性发展，达到预期教学目标。[1]形成性评价遵循多元化原则，在评价主体、内容、标准、方式等方面是多元化的，也更加侧重于

———————————
① 彭小红.形成性评价的调查与思考[J].中国高等医学教育,2020(1).

对过程的评价。

表现性评价。表现性评价即对表现进行评价,其最开始被运用于企业管理领域,要求被测试者通过具体的表现而对其能力进行评价。在教育领域,表现性评价是指让学生在真实的或模拟的情境中完成一系列考查任务,并以一定的评价标准,评价学生在完成任务时的表现,从而评价学生的知识、能力和情感、态度、价值观的发展状况。[①]从中可以看到,表现性评价一般基于一定的情境,这一情境通常由评价主体即教师来设定,表现性评价又通常基于一定的任务,这一任务需要学生来完成。也就是说,表现性评价就是评价学生在特定情境中完成任务的表现,而这种表现,徐剑慧认为,至少有口头表述、角色扮演活动、写作检测、社会实践活动等形式,评价标准要公正客观,评价结果要恰如其分。[②]

第三节　活动型课程的教学评价

这一节将以"新时代,最美劳动者"活动教学设计为例,阐述活动型课程的教学评价。

一、教学目标和重难点

教学目标有三个方面。第一,以 2020 年五一国际劳动节习近平总书记给郑州圆方集团全体职工的回信导入新课,引出"新时代,最美劳动者"的时政专题,导入议题:如何成为最美劳动者? 激发学生想要去了解劳动者的兴趣,为后面的学习做铺垫。第二,通过学生自主讲解复习知识,了解劳动者的权利与义

---

① 黄俊梅.高中思想政治课中的表现性评价[J].素质教育大参考,2008(7).
② 徐剑慧.浅谈表现性评价在高中思想政治课中的运用[J].求知导刊,2020(1).

务,阐释劳动者维权的途径,明确劳动者的相关权益,培养学生语言表达能力。结合《民法典》中关于保障劳动者权益内容的变化,进一步深刻明确劳动者的权利与义务,体会中国法律制度建设的不断完善,加深对法律制度的认同感,能在日后自觉履行法律所规定的劳动者的义务。第三,通过观看云游宝山劳模馆和学生展示的身边的劳模们,学生了解不同职业,学会如何正确地劳动,弘扬劳动精神,树立平等的职业观念、热爱劳动的观念,体会劳动的价值,树立人生职业理想。

教学重难点是弘扬劳动精神,树立平等的职业观念,树立热爱劳动的观念。

二、教学过程

表 4-1　教学过程

教学环节	教学活动	设计意图
导入新课	以"如何成为最美劳动者?"为议题: 以 2020 年五一国际劳动节,习近平总书记给郑州圆方集团全体职工的回信导入新课,引出最美劳动者的专题 思考探究: 1. 习近平总书记回信中写到的劳动者是哪些人? 2. 习近平总书记期望的劳动者是怎样的? 得出结论:人民群众才是最平凡,但也是最伟大的劳动者。	激发学生学习兴趣,导入新课,引出议题,明确新时代劳动者的内涵,树立正确看待劳动的观念
劳动法中的劳动者	学生自主讲解,进行知识复习: 1. 作为劳动者,享有哪些权利和义务? 2. 当劳动者的权益受损时,如何维护权益呢? 《民法典》的出台对企业和劳动者有 12 大变化,进一步介绍其中的 2 条法律制度 思考探究: 1. 阅读 12 条规定,有没有是对既有规定的沿用? 2. 有没有新变化?	通过学生自主讲解,复习关于劳动者的相关知识,了解劳动者的权利与义务,阐释劳动者维权的途径 引入《民法典》出台的相关时政内容,进一步感受劳动者的权利得到更好的保障,体会中国法治建设的完善,感受国家的发展强大

续表

教学环节	教学活动	设计意图
平凡劳动者的不平凡	观看视频:《云游宝山劳模馆》 学生展示:我们身边的劳模 思考探究:云游完劳模馆,结合同学对劳模的介绍,你学习到了什么? 你对劳动有了什么新的认识与看法?	通过云游劳模馆和学生展示活动,弘扬劳动精神,树立崇尚劳动、热爱劳动的观念
总结	引用习近平总书记的讲话,深化劳动者的内涵,引导学生树立正确的劳动观念,成为一名符合新时代要求的劳动者。	以习近平总书记的讲话总结本课,升华学生对劳动者的看法,弘扬劳动精神

三、学生活动

活动1:

1. 学生展示我国劳动法对劳动者享有的权利和履行的义务做了具体的规定,包括劳动者权利、劳动者的义务以及劳动者权利和义务的关系。

2. 学生展示解决劳动争议的途径,如表4-2所示。

表4-2 解决劳动争议的途径

途径	对象	法律效力	必经程序	特点
协商	企业经营者	无	不是	选择程序
调解	劳动争议调解委员会	无	不是	法定程序
仲裁	劳动争议仲裁委员会	有	是	最重要环节,不服仲裁裁决可以向人民法院起诉
诉讼	人民法院	有	不是	最终程序

活动2:

学生云游宝山劳模馆后,依照历史的脉络,以讲故事的形式,分享学习体会,弘扬劳模精神,树立新时代劳动观。

社会主义革命和建设时期(1949—1978 年)：新中国成立后,百业待兴,宝山大地呈现了热火朝天的劳动场面。以章阿锡、周金楠、徐竹筠等劳动模范们为代表的工人阶级积极响应国家号召,视祖国的利益高于一切,自力更生,艰苦创业,披荆斩棘,矢志不渝,为全面开展社会主义建设,创造了辉煌的业绩。

改革开放时期(1978—2012 年)：1978 年 12 月,党的十一届三中全会做出了改革开放的伟大历史抉择。宝山乘势而上,以钢铁为代表的实体工业在宝山得到快速发展,港口物流、集装箱储运、加工贸易等产业蓬勃崛起,逐步形成了"一业特强、多业并存"的产业发展格局。以徐静、王希山、王军等劳动模范为代表的产业工人用脊梁筑起钢铁长城,推动宝山经济和社会事业快速、健康、协调发展。

新时代(2012 年至今)：党的十八大以来,以习近平同志为核心的党中央提出了创新、协调、绿色、开放、共享的新发展理念,统筹推进"五位一体"总体布局,协调推进"四个全面"战略布局。上海城市总体规划(2016—2040)将宝山列为迈向卓越全球城市的主城片区。宝山紧紧抓住历史机遇,坚定不移走深度融合、转型发展之路,迈向更高水平的城乡一体化。

活动 3：

学生展示：分享自己的劳动故事

我是高一(6)班的小灿,跟大家一起分享我的劳动故事。棕草编是中国民间艺术中的一枝奇葩,属于非物质文化遗产。它起源于我国的三国时代,至今已经有一千七百多年的历史。我的妈妈是一个棕草编的老师,不仅要在社区学校承担棕草编的教学工作,还要提前准备好教学时用的材料。我平时在家中做得最多的事情便是帮助妈妈洗一些教学时用的棕草，然后将其晒干。我的妈妈不擅长电脑，于是在寒暑假，我还承担了制作展示教学资料的 PPT 的任务，有时，我还会到教学现场帮忙干活。平时，帮妈妈洗教学日常消耗品的时候，我的感受更多是"累"，长时间站立，腰酸背痛，也让我感受到了妈妈教学时的操劳与疲惫，她耐心地教会小朋友编织花鸟鱼虫，一遍一遍，不厌其烦，我也会帮忙一起完成辅助工作。虽然没有报酬，但是我在帮助妈妈做这些工作的时候，锻炼了我的耐心，体会到了一份手工编织的乐趣，享受到了本土文化带给人们的一份独特惊喜，感受到了中国传统文化和手工技艺独有的魅力。

四、教学评价

根据教师和学生在活动中的表现制作评价表，如表 4-3、表 4-4 所示，既评价教学情况，又引导活动过程。

表 4-3　教学评价表

教师填写		学生填写	
维　度	等　级	维　度	等　级
活动目标的理解程度		授课是否热情	
资料收集的积极程度		授课是否认真	
小组配合的得当程度		授课是否突出重点	
资料收集的齐全程度		授课内容是否有误	
观点总结精练的程度		授课形式是否有吸引力	
对比分析的妥当程度		活动指导是否妥当	
观点陈述的清晰程度		能否掌握知识	
观点表述的深刻程度		能否有所感悟	
活动型课程的参与程度			

表 4-4 学生课后学习体会问卷

极不同意	1 ·· 5	非常同意
1. 这堂课,我学得很投入	1 2 3 4 5	
2. 这堂课,令人兴奋	1 2 3 4 5	
3. 这堂课,我劲头十足	1 2 3 4 5	
4. 课上学的内容我觉得很有趣	1 2 3 4 5	
5. 学这堂课,真愉快	1 2 3 4 5	
6. 老师带来的学习材料我觉得很有趣	1 2 3 4 5	
7. 我喜欢课上涉及的内容	1 2 3 4 5	
8. 我记得住本课学习的内容	1 2 3 4 5	
9. 我跟得上老师的讲课思路	1 2 3 4 5	
10. 我能读懂老师给我们看的学习材料	1 2 3 4 5	
11. 本课学习让我变得更有知识	1 2 3 4 5	
12. 本课教的知识很有用	1 2 3 4 5	
13. 我很认真听其他同学的发言	1 2 3 4 5	
14. 课上我没有走神	1 2 3 4 5	
15. 我积极参与讨论和发言	1 2 3 4 5	
16. 我会把课上学的内容用到我的生活中	1 2 3 4 5	
17. 学习本课让我更理解劳模精神的重要	1 2 3 4 5	
18. 这节课的内容很好	1 2 3 4 5	
19. 这节课对我们学生很有帮助	1 2 3 4 5	
20. 课外我会和其他同学聊本课学的内容	1 2 3 4 5	
21. 课外我会看和本课内容相关的书籍、新闻等	1 2 3 4 5	
22. 今天上课老师结合手势、动作进行解释	1 2 3 4 5	
23. 老师上课的语言比较单一	1 2 3 4 5	

极不同意	1 ··· 5	非常同意
24. 老师上课时比较放松	1　2　3　4　5	
25. 老师上课时对我们微笑了	1　2　3　4　5	
26. 老师上课时兴致勃勃	1　2　3　4　5	
27. 老师上课时充满激情	1　2　3　4　5	
28. 老师上课时总看着自己的教材书	1　2　3　4　5	
29. 我对今天自己上课的状态很满意	1　2　3　4　5	
30. 我对今天上课的老师印象很好	1　2　3　4　5	

第五章

基于深度学习的教师专业素养

第一节　深度学习与教师专业素养的关系

一、教师专业素养的内涵

素养是在特定情境中,通过利用和调动社会心理资源,包括情感和态度,以满足复杂需要的综合能力,教师素养是教师在教学情境中育人能力的综合体现,一般由普通素养和专业素养两部分构成。专业素养是教师从事教育教学工作必需的基本工作能力和品质。专业知识、专业能力和专业态度是教师专业素养的核心内容。教师专业素养与高中思想政治课教师的专业素养是共性与个性、一般与特殊的关系。因此,专业知识、专业能力、专业精神也是高中思想政治课教师专业素养内涵结构的核心内容,高中思想政治课教师应该具有政治学科的专业知识、专业能力、专业精神与品质。

二、深度学习与教师专业素养

深度学习是师生共同经历的一场智慧之旅。旅程的终点不是让学生获得一堆零散、呆板、无用的知识,而是让他们能够积极、充分、灵活地运用知识,通过理解世界、解决问题,学以致用,获得人格的健全和精神的成长,成为新时代社会主义建设者和接班人。要促成学生深度学习,课程与评价、教师专业素养的培养、学习方式与教学方式的变革等是不可或缺的。其中,课程是灵魂,评价是关键,教师的专业素养是保障,而学习方式和教学方式的变革是中心环节。

有了教师专业素养的保障,教学、课程、评价等才能更好地落地,才能更好地落实学科素养的培育,才能更好地促进学生深度学习。

思想政治课的深度学习是指在教师引领下,学生围绕着具有挑战性的学习主题,全身心积极参与、体验成功、获得发展的有意义的学习过程。这就要求思想政治课教师开展基于深度学习的"深度教学",教师的"深度教学"将学生引向"深度学习",深入培养学生的学科核心素养。达成深度教学与思想政治课教师专业素养的养成有着密切的联系。思想政治课教师只有不断提升专业素养,通过完善知识结构提升专业能力,坚定政治认同,引领新时代高中生自觉认同国家制度,促进学生投身于富有成效的、高质量的学习中去,启发学生思想,增加学生对学习的自信投入,使学生与学习结成终生紧密的关系,学生在基本技能领域勤奋挖掘他们的创造力,又能在各自擅长的领域大放异彩。

第二节　思想政治课教师专业素养的新要求

新课改背景下,中学政治课教育已经进入了新时代,对教师专业素养的培育提出了更高的要求和标准。2019 年 3 月 18 日,习近平总书记在北京主持召开学校思想政治课教师座谈会上的讲话对思想政治课教师提出了明确的要求,"政治要强,情怀要深,思维要新,视野要广,自律要严,人格要正"。对思想政治课教师的改革创新也提出了八个相统一的要求。"政治要强"和"情怀要深"主要是信仰方面的素养,要求思想政治课教师必须有信仰,让有信仰的人讲信仰,充分发挥信仰的力量;"思维要新"和"视野要广"主要是真理方面的素养,要求思政课教师必须有知识、求真理,充分发挥知识的力量、真理的力量;"自律要严"和"人格要正"主要是人格方面的素养,要求思想政治课教师必须修身正己,以德育德,充分发挥人格的力量。

这些内容为新时代思想政治课教师专业素养的培育指明了方向。提升专业素养不仅是教师自我发展的内在需要，也是为了更好地完成新时代党和国家交给思想政治课教师沉甸甸的历史使命。

一、修炼内功，内外联动

新时代的思想政治课教师，需要有过硬的理论修养；需要有广博的知识，广阔的国际视野、历史视野；需要有夯实的教学基本功，不但能讲清书本上的点点滴滴，还要能够引导学生正确观察现实世界以及意识形态领域中的风云变幻。教师有真功，上课有底气，才能理直气壮地上好思想政治课。

（一）学习专业知识

政治教师的专业知识主要包括学生发展的知识、学科知识和通识知识。习近平新时代中国特色社会主义思想是马克思主义中国化的最新成果，高中思想政治课对此进行讲授是马克思主义基本原理同中国具体实际相结合的体现，政治教师必须系统掌握其理论体系，理解中国特色社会主义进入新时代的历史方位，了解新时代中国特色社会主义经济、政治、文化、社会、生态文明建设和党的建设进程，这就要求教师必须具有深厚的专业知识功底。

（二）转变教学理念

新时代的思想政治课教师，不仅要有深厚的专业知识功底，而且能够掌握本专业最新知识信息和本专业发展方向，用发展的眼光、积极的心态顺应课程改革趋势，坚持改革方向，构建以培育思想政治学科核心素养为主导的综合性、活动型课程。课堂教学不应以知识为中心的单一的方式进行，而应以学生核心素养的培养为目标，关注学生正确的价值观念、创新精神和实践能力，采用多种方式展开。

（三）聚合专业能力

思想政治课教师的专业能力主要包括教学设计能力、教学组织实施与评价能力以及合作与沟通能力。富有专业素养的政治教师不仅能够在教学过程中以理论结合实践,提升教师的专业能力,而且能够优化配置与灵活整合这些能力,解决教学问题,聚合专业智慧,形成特色的优势专业能力,彰显教师的教学特色和风格。

二、自我反思,成长动力

思想政治课教师专业素养的养成少不了反思,反思激发教师自身学习的积极性。在深度学习中,教师的核心作用是帮助学生发现并挑选最适合他们的体验。教师的主要角色是一个充满爱心的导师,能帮助学生找到理想并促使他们朝着自己的愿望发展。连接学习到学生的现实生活和理想,往往能使学生参与深度学习。教师的自我反思就是促进这个核心作用的发生。教学反思有利于教学观念的改变,有利于专业精神的发展,更有利于教学激情的持续。教师在教学反思的过程中还能够完善知识结构、更新教学观念、形成教学特色。

(一)完善知识结构

思想政治课教师要不断反思、更新和完善自身的知识结构,要时不时地自问:"自己的知识体系是否完备?""内容是否得到了及时的更新?""怎样才能实现知识结构的优化?"等,应当以一个终身学习者的心态对自身的知识状况不断加以评估和分析,通过学习为自己的专业成长不断地注入更多、更新、更强大的知识动力。

(二)更新教学观念

思想政治课教师在自我反思中转变教学观念,更新教学理念。在自我反思的过程中,教师不断追问:"新理念与我原有的观念相比有何不同?是否更加合理?""原有的观念是否有变更的需要?""我应当如何在实际教学中落实新理念?"等,依靠自省,消解自己的"前见",接纳和践行新的观念。唯有如此,才能成为教学改革的推动力量,才能促进政治课教学效果的提升。

（三）形成教学特色

思想政治课教师既是教育工作的实践者,也是教育理论的研究者和开拓者。政治教师在教学、研究、分析、探究、解决等过程中,必须持续地进行反思,以此优化教学理念和方式,提高教学水平和专业性,逐渐形成具有个人特色的教学模式和风格。

三、师生互动,绽放激情

深度学习斩获人类探究、创造的独特威力,发展面向未来的学习与创造,释放教师、学生的动能和激情,建立师生学习伙伴关系,发现、激活和挖掘深度学习的潜能。[①]一切教育的起点在于师生关系,以及如何发挥各自正在发生变革的作用。今天的学生渴望积极参与,渴望确定自己的学习路径,规划自己的学习旅程。技术工具已经改变了他们与周遭世界互动的方式,并且改变了他们希望如何在课堂中互动。教师与学生一起积极学习,学生在学习过程中贡献自己的想法、经验和专业知识。师生之间是一种平等、互惠、互利的伙伴关系,教师不仅使自己成为学生,也开始通过他们的"同学"看到学习状况。教师是学生的学习伙伴,与学生共同探讨学科知识和学习经验,并帮助学生建立自信,培养能力。

高中生获得感的强烈与否同思想政治课教学实际效果好坏有着直接联系。思想政治教师对教学的情感可以有效地达成教学效果。有激情的政治教师对学生的学习困境及学习潜力的关注,不是通过说教,而是通过行动来履行积极学习的任务,使学生对教学内容有认同感,对教学目标有认知感,从被动学习向主动学习转变。

---

① Fullan, M.. The New Pedagogy: Students and Teachers as Learning Partners[J]. Learning Landscapes, 2013, 6(2).

（一）相互信任与尊重

学生尊重教师以及教师教给他们的学科知识，教师要赢得学生的尊重，必须让学生了解真正对其有价值的知识。不能抱有这样的观念：我是你们的老师，我知道你们需要什么，以后你们会感谢我使你们学到了知识。为了赢得尊重，我们要表现出尊重，课堂上教师与学生相互信任、相互尊重，合作共事，共同面对在学习中碰到的问题，积极营造良好的课堂情感氛围。

（二）帮助学生建立自信

每一个学生都有其长处和短处，教师要发现每个学生的可敬之处，要带着放大镜去寻找学生的优点，尤其是一些所谓的"差生"，更要发现其优点，表扬其好的表现，帮助其建立自信心。如果学生得到了教师的赏识，一定会自信大增，从而获得学习上的满足，提高学习的积极性和主动性。

（三）优化学习路径

学习过程中，以积极的价值观引领，给学生充分表达和阐释的机会，学生自学、设疑、辨析，教师指导、点拨、释疑，引导学生步入辨析式的学习路径，理性面对不同的价值观点，敢于发表自己的见解和想法，在比较、鉴别中提高认识，在探究活动中拓宽视野。

在深度学习中，学生之间、师生之间的关系应该深植于整个学习体验中。这些关系不仅存在于师生间、学生之间、学生和他们的家庭之间，而且存在于连接那些类似学习兴趣和志向的社会网络。显然，在深度学习中，学习合作伙伴关系是强大的教学策略，它不同于现在许多课堂中教师和学生的角色。

第三节　思想政治课教师专业素养的能力

当今，作为一名新时代思想政治课教师，如何更好地贯彻习近平新时代中国特色社会主义思想，如何通过自己的言传身教将思想政治课的教材内容转换为教学内容，让习近平新时代中国特色社会主义思想入脑、入心、入行，这就需要思政课教师提升专业素养，将自身的专业素养内化为教育教学的专业能力。思想政治课教师专业素养的能力主要指教师的教学能力和教学技能，是教师站稳讲台应该具备的基本功。就自身而言，需要具备备课的能力、组织教学的能力、教学反思的能力，等等；就指导学生而言，需要具备指导学生学习和组织学生活动的能力，帮助学生解决教育教学中的困惑。思想政治课教师专业素养的能力越强，越能游刃有余地开展和组织课堂教学，教师的教学也会从"浅层"走向"深度"。学生在课堂学习中，随着教师深度教学的开展，学生也会进入深度学习的状态。

第四节　指向深度教学的新时代教师新技能

思想政治课教学中，达成学生深度学习，最关键的是思政课教师的教学要走向深度教学，教师只有深度教学，才能促进学生深度学习。教师达成深度教学，需要教师与时俱进地提升专业素养，掌握一些新时代教师的新技能，例如单元教学目标的设计、优化教学案例的编制与实施、跨学科融合教学、组织开展社会调查等。这些技能是新时代思想政治课对教师专业发展提出的一些新要求，也是思想政治课作为综合性活动型课程实现"课程内容活动化、活动内容课程化"目标所必需的。

一、科学地设计单元教学目标

（一）理解单元教学目标的内涵

单元教学目标是指学生经过单元学习后要达到的预期结果。这里的单元就是一个学习单位,一个单元就是一个微课程。这里的学习单位是依据学科课程标准和教学基本要求,围绕内容主题、热点问题、探究问题以及社会实践学习活动等,选择相应的学习材料,进行结构化的学习单位。

（二）区分两对关系

1. 教学目标与课程标准的关系

课程标准是衡量学习者是否学成一门课程的准则,具体描述为学习者经过一个阶段后应该知道什么和能做什么,是课程设计和开发者对课程学习的预期结果。从这个意义上,课程标准可以理解为终极目标的集合。课程标准是设计学科单元教学目标的一个最重要的依据,也是直接依据。

2. 单元教学目标与课时教学目标的关系

单元目标与课时目标的关系是整体与部分的关系。单元目标重在表达结果,课时目标重在表达过程与方法。就教材而言,单元目标是一个教材中某一单元（章或节）总的教学目标,统领若干节课的教学目标,是设计课时目标与内容的依据。课时目标即课堂层面目标,是对单元教学目标的分解和具体化,针对具体的教学内容,可以看成是最小的不可被分解的单位,只有逐个完成课时目标,才能够实现单元教学目标。而且,课时目标之间要体现教学的连贯性、层次性、持续性,课时目标应该更具体,做到可以观测、可检测、可评价,体现教学的有效性。

（三）设计单元教学目标

高中思想政治课的单元教学目标设计是指在单元教材教法和学情分析的基础上,确定单元教学重点、难点,明确单元教学任务,预设并描述单元教学结果的过程。可见,单元教学目标的设计应该以课程标准、教学基本要求、教材、学情为依据,根据不同学生的层次,不同学生的需求,教师明确教学目标,学生明确学习目标,从知识点的了解、理解与记忆,转变为学科核心素养的关键能力、必备品格与价值观念的培育。

单元教学目标设计要从整体上把握单元教学目标的设计要求。要根据教材教法和学情分析的结果,从知识与技能、过程方法与能力预设学生参与教学活动后的学习结果。知识与技能目标的落实对应建构有意义的单元知识结构;过程方法与能力目标的落实对应指向学科关键能力培养过程中领悟学科的学习方法和思想方法;情感、态度与价值观目标的落实对应指向必备品格养成的公民人格、民族精神、理想信念等公民品德和思想政治素养等培育。

1. 设计依据

思想政治学科的单元教学目标设计主要依据为《思想政治课程标准(2017年版 2020 年修订)》《思想政治》教材、《上海市高中思想政治学科教学基本要求》《中学思想品德与思想政治单元教学设计指南》等,其中,最直接的依据是课程标准。在设计的过程中还要考虑学生的实际情况,教师的教学对象是学生,教学目标的设计应该依据课程标准,以学生的认知起点为基础,从三个维度:即知识与技能,过程方法与能力,情感、态度与价值观,来预设学生参与一单元的教学活动的学习结果。

2. 设计标准——目标分类表

单元目标是我们检验这个单元学习以后的一个标准。依据布鲁姆教育目标分类法,教育目标可分为三大领域:认知领域、情感领域和动作技能领域,如表 5-1 所示。

表 5-1　思想政治单元教学目标分类表

知识维度	认知过程维度					
	回忆	理解	应用	分析	评价	创造
事实性知识						
概念性知识						
程序性知识						
元认知知识						

分类表的行和列分别由知识维度和认知过程维度构成。

从知识维度看,有四大知识类别,即事实性知识、概念性知识、程序性知识、元认知知识。事实性知识是指学生通晓一门学科或解决其中问题所必须了解的基本要素,它主要包括术语知识、具体细节和要素的知识,例如资源配置的基本方式属于事实性知识。概念性知识是指在一个更大体系内共同作用的基本要素之间的关系,它主要包括分类和类别的知识,原理和通则的知识,理论、模型和结构的知识,例如市场经济的内涵和主要功能属于概念性知识。程序性知识是指做某事的方法,探究的方法,以及使用技能、算法、技术和方法的准则,可以理解为技能、方法等知识形式,例如市场运行机制、宏观调控手段属于程序性知识。元认知知识是指关于一般认知的知识以及自我认知的意识和知识。例如国家宏观调控的发展趋势与可能结果属于元认知知识。

从认知过程维度看,认知过程有六个类别:即回忆、理解、应用、分析、评价、创造。

回忆是指从长时记忆中提取相关的知识。例如识别资源配置的基本方式,识别对应认知过程中的回忆,资源配置的基本方式属于事实性知识。根据课程标准,资源配置的基本方式这一事实性知识水平等级属于识记。

理解是指从包括口头、书面和图像等交流形式的教学信息中构建意义,它的具体认知过程有解释、举例、分类、总结、推断、比较、说明。例如"陈述市场经济条件下,国家宏观调控的必要性",并能解释不同调控手段的不同作用。

应用是指在给定的情景中执行或使用某一程序。它的具体认知过程有执行和实施,例如"预测市场变化发展趋势与可能结果",这是应用层面的水平等级。

分析是对材料进行分解,并确定部分之间的相互关系以及各部分与总体结构或总目之间的关系。其具体认知过程有区别、组织、归因,例如"区分市场调节与宏观调控""归纳市场与政府的关系",这是分析层面的水平等级。

评价是基于准则或标准作出判断。其具体认知过程有检查、评论,例如"列举事例,阐明市场经济的法律保障和道德建设对国家建设的意义",这是综合与评价层面的水平等级。

创造是将要素组成新颖的、内在一致的整体。它的具体认知过程有产生、计划、生成。

3. 表述规范

教学目标的表述要规范、科学,它的内容应该包括行为主体、行为动词、行为条件和表现程度。其中,行为主体是学生。行为动词应该用可测量、可操作、可评价的词语表述,例如使用"识记""理解""阐述"等动词。"过程和方法""情感、态度和价值观"方面的目标大多要使用体验式或表现性目标表述方式,行为动词往往选用"感受""养成""树立"等,这些动词往往比较抽象,缺乏操作性,因而在表述时,要明确具体的方法、途径,也就是要有行为条件,只有通过一定的条件,设置的目标才得以实现。表现程度是目标的达成度,教师在表述教学目标时,还需明确学生需要达到何种程度。

总之,关于学科单元教学设计研究是基于学科核心素养而开展研究,是为了促使教师进一步理解和把握学科核心素养,让教师从"懂"学科课程走向"通"学科课程,即从明白"要什么"进而还明白"不要什么",以提高教学有效性,促使学生达成深度学习。

【案例分享】

以"社会主义市场经济体制"为一个单元,从整体上统筹规划学生学习需要建构的核心知识、关键能力和必备品格,凸显教学过程的整体性、递进性、关联性。

知识与技能:识别资源配置的基本方式,辨认或列举反映不同资源配置方式的不同社会经济现象;描述市场经济的内涵和主要功能;阐释市场运行机制的内容以及三者的关系,运用市场运作机制的知识解释与市场经济相关的社会现象,预测市场变化发展趋势与可能结果,作出恰当的研判;陈述市场经济条件下,国家宏观调控的必要性,解释不同调控手段的不同作用,预测国家宏观调控的发展趋势与可能结果,作出恰当的研判;区分市场调节与宏观调控,归纳市场与政府的关系;列举事例,阐明市场经济的法律保障和道德建设对国家建设的意义。

过程方法与能力:通过视频观摩、小组讨论、问题探究等环节,用逻辑推理与具体实例相结合的方法,陈述市场经济运行机制与国家宏观调控手段的实施过程并分别演绎其结果,分析与评价市场经济条件下的法律保障和道德建设,提高运用联系、发展、矛盾等唯物辩证的思维方法解析、评价社会实际问题的能力。

情感、态度与价值观:对国家或本地区的某一经济现象提出自己的见解,认同国家的经济政策和制度,增强制度自信,能够自觉、依法地参与社会经济生活。

二、有效地优化教学案例的编制与实施

(一) 理解教学案例的内涵

思想政治课教学案例是指基于课程标准和教学目标设计的,能反映特定政治现象,隐含着需要学生探究的政治原理和政治规律,提供学生思考分析的典型政治事件和情境。思想政治课教学案例具有这些特征:来源于真实的政治事件,体现生活性和时代感,隐含基本的政治原理与规律,为学生创设问题情境,为实现教学目标服务。

一些真实、典型的教学案例,让学生进入事件,身临其境。学生充分参与到教学中,有利于提高教学质量,增强教学有效性。

(二) 优化教学案例的编制

1. 确定目标

设计教学案例的首要任务就是明确教学目标,即通过教学案例要说明什么

原理,解决什么问题。确定目标才能更好地把握案例素材搜集的主题,以"我国实行人民代表大会制度"的案例设计为例。

【案例分享】

　　教学背景:本章节知识与思想政治课高二学习的"我国的政体""我国的国体""我国的选举制度"等知识密切联系。学生通过预习,可以基本掌握教材内容,但大多局限于文本本身,在联系实际理解政治学科的概念原理上存在困难,因此对人民代表大会制度保障人民的权力,在国家政治制度中发挥决定性作用缺乏认可。

　　教学目标:分析说明人民代表大会制度的主要内容并明确其是适合我国国情的根本政治制度,通过阅读、分析案例体会到人民代表大会制度在我国政治生活中的重要性。

2.搜寻素材

确定目标之后,就应该开始搜集案例素材了。搜寻素材的方法主要有两种:一是纸质资料检索,即通过阅读图书、报刊、杂志等进行搜集;二是网络资料检索,即利用网络搜索案例资源。这两种检索互为补充,相得益彰。

3.精选整合

整合即为学科间的知识和跨学科间的知识,通过渗透、互补、重组,形成知识体系的过程和结果,整合更强调系统的整体协调性。搜集的案例素材往往是比较零乱的、不完整的,教师要根据教学目标、学生的学习情况,筛选并整合案例素材。

4.编制案例

案例的编制取决于学生的学习目标,编制教学案例时要注意案例的编制体系。案例素材要全面、详细、真实,教学案例要有起因、过程、结果。还要根据不同的学习目标,编制不同的教学案例。

(三)组织教学案例的实施

教学案例中的信息能否获得充分的应用,关键还要看课堂教学的过程安排。在案例的安排上,我们应该根据课程需要,合理安排案例的结构和次序,可以分别使用呈现案例、分析案例和总结案例来加强课堂教学效果。以《我国实行人民代表大会制度》教学中的"案例实施"为例,见表5-2。

表 5-2 案例实例

教学目的	结合时政资料,创设情境,运用问题指导学生深入理解人民代表大会制度的主要内容
教学案例	情景一:中华人民共和国第十二届全国人民代表大会第一次会议于 2013 年 3 月 5 日至 17 日在北京召开,2987 名来自各阶层的人大代表参加会议。对此,同学小王认为:"人民代表大会是我国的国家权力机关,作为人大代表只需要举手赞同人大的决议就履行了自己的职责。" 情景二:中华人民共和国第十二届全国人民代表大会第一次会议于 2013 年 3 月 17 日胜利闭幕。会议选举产生了新一届国家领导人,表决通过了《关于国务院机构改革和职能转变方案》,表决通过了《政府工作报告》和最高人民法院和最高人民检察院的工作报告,圆满完成各项议程。会议期间,不少人大代表开通了微博,他们通过微博向网民征集意见建议和发布两会消息
问题设置	1. 这些全国人大代表是怎样产生的? 2. 请评价小王的观点,简要说明理由。 3. 全国人大审议"一府两院"的报告有什么重要意义? 4. 你会参与人大代表的微博互动吗?
案例教学	呈现案例→阅读教材→讨论案例→回答问题→回归教材→总结点评
归纳总结	案例教学强调学生与教师的多向交流。教师是问题的设计者,学生是问题的解决者;教师是引导者,学生是实践者。学生不再等待教师的解答,而是主动研究案例、搜集知识、缜密思考、提出问题的解决方案。整个过程中学生之间、师生之间的良好交流互动是教学目的顺利达成的重要保障

教学案例可以作如下安排。

环节一:案例呈现

案例呈现需要做好两个方面的工作。一是引导学生阅读案例。阅读案例是学生熟悉案例和产生疑问的过程。二是精心设计问题。教师要结合学生现有的知识结构和认知水平、案例的深度和涉及的教材知识来设计让学生思考的问题。问题难度须适中,能够激发学生的思考。这一环节可以安排在课堂教学之前,留给学生充足的时间去思考案例、展开分析和交流,为下节课的课堂案例讨论做好充分准备。建议在每一次下课前留 2—3 分钟的时间,布置学生预习下一次课要讲授的内容并分发案例材料。

环节二:案例讨论

案例讨论是案例教学的核心环节,是集中学生集体智慧解决案例问题的过程。这个过程的关键是教师如何通过启发引导、组织调控,激励学生积极参与交流和研讨。一要调动学生的积极性。以学生对案例的分析和讲述为主,教师引导点评为辅,鼓励学生大胆发言,充分表达自己的意见,尊重学生的观点,保护学生的积极性。二要营造民主和谐的讨论氛围。给予所有学生充分表达自己观点的机会,促使学生运用相关的政治知识,大胆进行独立思考。三要积极引导。教师在案例讨论过程中要善于因势利导,时刻关注学生的思想动态,把握学生的思想脉搏,及时把讨论带回正确的轨道。

环节三:案例总结

教师最后对案例讨论的总结是对前一个教学环节的概括和提升。教师要结合案例做出理论上的阐述,分析其中的关键知识点;要恰如其分地对学生在案例讨论过程中的优缺点做出评价;要给出分析案例的思路或方法,帮助学生进行归纳和总结;要给学生留出进一步思考的空间,如从案例教学的内容和过程中,学到了什么,解决了什么,得到了哪些启示,是否通过案例学习掌握了解决问题的思路和方法,促使学生进行更深入而广泛的探究。

三、切实加强教学过程的落实

(一)思想政治课渗透劳动教育

思政课中劳动教育属于课程内的劳动教育,不是"劳动知识"的教育,也不是以掌握某种劳动技能为目标的活动教学,而是学习者通过劳动学习的全过程,在从认知到能力、从情感到价值、从个体到群体这三个维度上实现身心的改变。

思政课中的劳动教育不仅要符合新时代劳动教育的要求,开展热爱劳动和热爱劳动人民的活动,同时,还应该具有鲜明的特定课程,体现思想性、学理性、实践性的统一,以"学习劳动"为教育起点,以"劳动让人更有价值"为教育目标,学生在劳动实现参与的过程中完成学习的转化。高中思政课中的劳动教育不是学习某些劳动知识,也不是学习某种劳动技能,而是学生在自主学习、合作探究中,体悟劳动精神。劳动教育在思政学科中的有效融入和实施,是高中思政课教学的重要任务,也是思政课教师的职责。那么,如何在高中政治课教学中渗透劳动教育呢?

1. 以"双新"为基础,挖掘思政课渗透劳动教育的课程内容

所谓"双新",就是指新课程新教材。劳动教育相关内容分别在统编教材中有所涉及,所以我们要深入挖掘高中政治教材中关于劳动教育的内容,教师在讲课时要利用好课本理论知识,有针对性地对统编教材进行解析,让学生首先形成扎实知识的认知。统编教材中渗透着劳动教育的内容,主要从劳动与人类社会的发展、劳动与人的价值观、劳动与生涯规划教育、劳动者的制度保障四个方面进行课程内容的梳理。

(1)劳动与人类社会的发展

劳动创造了人类社会,劳动创造了历史,劳动创造了世界。教材中,必修1《中国特色社会主义》第一单元探究人类社会发展的进程与趋势,有关人类社会

发展的规律和动力的内容；中国共产党和广大人民群众奋斗创造的伟大成就，中国特色社会主义道路、理论、制度、文化，明确把爱国情、强国志、报国行自觉融入坚持和发展中国特色社会主义事业、建设现代化强国、实现中华民族伟大复兴的奋斗之中。

必修 3《政治与法治》中第二单元"人民当家作主"，强调具有公共参与素养的学生应能够"热心公益事业，践行公共道德，乐于为人民服务"；第三单元"依法治国"，提出公民有序参与立法，参与社区有关规则等制定，亲身体验基层群众依法表达诉求、参与社区治理，这不仅体现我国是人民民主专政的国家，而且这些内容同马克思主义劳动观的要求可谓高度一致。

（2）劳动与人的价值观

劳动教育的本质在于培养劳动价值观。高中思想政治课以马克思主义为理论基础，蕴含着对劳动价值观的科学阐释。

在统编教材必修 2《经济与社会》中指出，劳动是一切社会财富的源泉，"按劳分配"这一社会主义分配原则是合乎正义的分配方式，要摒弃"不劳而获""好逸恶劳"等错误观念，坚决防止劳动异化，充分调动学生的积极性和创造性，激励学生提高劳动技能，积极投身社会实践。

必修 3《政治与法治》中则要求学生开展普法志愿者活动。必修 1《中国特色社会主义》中，要求结合载人航天、探月工程、抗震救灾、防疫抗疫等，讨论改革开放取得的伟大成就的同时，弘扬劳模精神、抗疫精神等，学习新时代最美奋斗者。在价值观层面中学思政课与劳动教育所要达到的目标是完全一致的，集中体现着马克思主义劳动观的本质内容及要求。

（3）劳动与生涯规划教育

新时代劳动教育是学生发现生命才华、品尝劳动幸福、懂得奉献付出的人生观教育。青年学生要以好逸恶劳为耻，以辛勤劳动为荣，任何时候都不能贪图不劳而获的生活。

在统编教材必修 2《经济与社会》中要求结合自身的实际情况,拟定计划,开展如何成为知识型、技能型、创新型劳动者的探讨,树立崇尚劳动、热爱劳动的观念。

在统编教材必修 4《哲学与文化》中,要求搜集生活中人们辛勤劳动、诚实劳动、创造性劳动的典型事例,探寻实现人生价值的条件和途径,懂得劳动对个人成长、职业规划的重要性。

在选择性必修课程《当代国际政治与经济》第三单元《经济全球化》中提出,要结合自己的职业倾向和兴趣、特长,探讨如何培养和提升自己的比较优势,制定人生职业规划。

（4）劳动者的制度保障

作为人民当家作主的国家,切实实现好、维护好、发展好劳动者合法权益,让人民群众过上更加幸福的好日子是我们党始终不渝的奋斗目标。

在选择性必修课程《法律与生活》中要求了解劳动法的基本原则,理解劳动者的权利和义务,解释劳动合同的主要内容,熟悉劳动者依法维权的途径和方式。教学上要求,组织模拟求职、招聘、应聘等活动,评议雇主和雇员之间的法律关系,说明各自的权利和义务;以"我想创业"为题,讲解企业开办程序,以及向政府申请与创业有关的扶持和优惠措施;模拟公司运营活动,了解经济活动中的法律制度。统编教材四册必修教材中涉及的中国特色社会主义政治、经济、法治制度,中国特色社会主义法治体系,不仅保障了人民当家作主,而且从一定程度上为维护劳动者的合法权益提供了政治保障、法治保障、制度保障。

此外,还可以结合学校文化,例如学校的志愿者活动、科技节、艺术节活动等,为思政课中的劳动教育提供鲜活的学习资料和素材,充实劳动教育的内容。但要注意,我们开展的是学科中的劳动教育,与学校德育活动、学校社团活动中的劳动教育是有区别的,不能混淆。

2. 以教师为主导,加强思政课渗透劳动教育的队伍建设

教师在劳动教育中发挥主导作用,主要体现在:在专业知识学习上,教师要不断学习马克思主义劳动观,对教材的知识要熟知;思想上要不断更新劳动教育观念,充分认可劳动在学生发展中的意义,提高实施劳动教育的自觉性,以艰苦奋斗、精益求精的师德师风写好新时代的引路人。

3. 以活动为载体,丰富思政课渗透劳动教育的实践形式

构筑思政课与劳动教育相融合的课程,联通校内校外与课内课外的学习路径,拓宽劳动教育的范围,让学生在更为丰富的资源、更为具体的活动和更为充足的空间中学会自主探究,实现政治学科素养和劳动素养的提升。还要鼓励学生走出教室,迈入社会实践活动的大课堂,串联知识经验与实际生活,推动劳动精神在学生心里落地生根。

高中思政课中开展劳动教育,实现劳动教育和思政课融合发展,互为促进,相得益彰,实现立德树人的根本任务。新时代的思想政治课教师要学会这项新技能,积极参加劳动教育的教师课程培训,开展劳动教育新范式的探究。

（二）开展跨学科融合教学

思想政治课既是一门文化知识课程,又是一门德育课程,既具有智育功能,又具有德育功能,加强政治学科的跨学科融合教学,有利于提升学生的学科综合能力,有利于培养学生的核心素养,而且这也符合以学生发展为本,坚持全体学生的全面发展,关注学生个性的健康发展和终身发展的教育理念。在"双新"背景下,思想政治课教师应该主动适应新课程新教材培养全面发展人才的需要,在保证科学性与逻辑性的前提下,合理地运用好基础学科的知识,正确处理政治学科与其他学科知识的关系,这样可以更好地调动学生的学习积极性,提高学生的跨学科综合知识与能力,从而达成深度学习。

高中历史课程注重史实的表述,高中思想政治课程注重观点的表述,教师要尝试着将政治和历史两门学科相融合,运用历史思维、辩证思维等多种思维

方式,开展学科融合教学,两门学科优势互补,更好地帮助学生深入掌握学科综合知识,培育学生的学科综合素养,学生能够综合运用知识和方法创造性地解决问题。如何有效进行政史融合教学,实现学科优势互补呢? 我们以思想政治课中开展劳动教育为例。

1. 梳理政史融合的劳动教育切入点

依据《普通高中思想政治课程标准(2017 年版 2020 年修订)》和《普通高中历史课程标准(2017 年版 2020 年修订)》,现有的高中思想政治课和高中历史课中都蕴含着一定的劳动教育方面的内容。如表 5-3,表 5-4 所示。

表 5-3　历史学科课程标准中劳动教育的内容(部分)

课程名称	教学内容	内容要求	教学提示
中外历史纲要(上)(必修课程)	早期中华文明	1.1　通过甲骨文、青铜铭文及其他文献记载,了解私有制、阶级和早期国家的特征	通过历史情境的设计,让学生体验当时人们所处的历史背景,感受当时所面临的社会问题。在此基础上,引领学生在对历史问题的探究过程中,认识史事的性质、特点、作用及影响等
	辽宋夏金多民族政权并立与元朝的统一	1.5　通过了解两宋的政治和军事,认识这一时期在政治、经济、文化与社会等方面的新变化	通过对课程内容的整合,引导学生深度学习,促进学生带着问题意识和证据意识在新情境下对历史进行探索,拓展其历史认识的广度和深度
	中华人民共和国的成立及向社会主义过渡	1.12　概述新中国巩固人民政权的主要举措	取多种手段突出重点、突破难点,使学生通过对重点内容、核心概念、关键问题的理解,带动对整个学习专题的探讨和认识
	食物生产与社会生活	2.1　知道人类由食物采集者向食物生产者演进的过程及意义;了解现代农业、渔业发展过程中,人类在食物生产、储备等方面的进步	引导学生认识经济与社会生活是一个逐步发展、不断进步的过程。这一发展过程具有多样性和复杂性,充满着延续与变迁、偶然与必然、局部与整体的互动,让学生尝试从宏观和微观的不同角度认识历史问题

表 5-4　思想政治学科课程标准中劳动教育的内容(部分)

课程名称	教学内容	内容要求	教学提示
模块 2:经济与社会(必修课程)	经济发展与社会进步	2.3　阐明劳动对社会发展和进步的意义,弘扬劳动精神,树立崇尚劳动、热爱劳动的观念	以"为什么发展必须以人民为中心"为议题,探究坚持新发展理念、转变经济发展方式的意义。可就某个发展理念进行专题调研,如组织参观当地高新技术企业、制作"科技创新推动经济发展"的展板 以"如何建设现代化经济体系"为议题,探究深化供给侧结构性改革的必要性、意义和途径。可就"如何成为知识型、技能型、创新型劳动者"组织学生开展讨论,并要求他们结合自己的实际情况,拟定学习计划 以"如何从收入分配中品味获得感"为议题,探究实现共同富裕、完善个人收入分配的意义和途径。可调研不同类型企业按劳分配和按要素分配的方式,讨论如何促进收入分配更合理、更有序
模块 4:哲学与文化(必修课程)	认识社会与价值选择	2.2　理解价值观对人们行为的导向作用,探寻实现人生价值的条件和途径,践行社会主义核心价值观	以"劳动对实现人生价值有何意义"为议题,探究劳动在实现人生价值中的作用和意义。可针对我国在劳动教育中存在的薄弱环节和问题,例如,学生劳动机会减少、劳动意识缺乏,有的学生不会劳动、轻视劳动、不珍惜劳动成果等,开展调查,阐释这些现象给青少年健康成长带来的不良影响。可搜集生活中人们辛勤劳动、诚实劳动、创造性劳动的事例,感悟劳动最光荣

从课程标准看,普通高中历史课程强调学生能够从历史发展的角度理解并认同社会主义核心价值观,认识并弘扬民族精神和时代精神[①]。唯物史观和家

　　[①]　中华人民共和国教育部.普通高中历史课程标准(2017 年版 2020 年修订)[M].北京:人民教育出版社,2020.

国情怀既是历史课程的核心素养,也是学生历史学习的出发点和落脚点。高中思想政治课在学习方法上强调培育学生运用马克思主义辩证唯物主义和历史唯物主义的方法分析问题的科学精神,通过认清社会发展规律树立政治认同素养。因此,两者具有相似的学习路径和高度一致的德育目标。

此外,值得注意的是,作为学校德育的显性课程,普通高中思想政治课程在本次新课改中强调以活动(包括学生的思维活动和社会实践活动)的方式构建学科课程内容,这是新时期实现学科育德的重要路径探索①,对历史学科实现课程德育目标、立德树人根本任务具有借鉴意义。因此,以生产劳动和社会实践的方式探索政史融合新路径是新时代落实立德树人任务的必然要求。如图 5-1、表 5-5 所示。

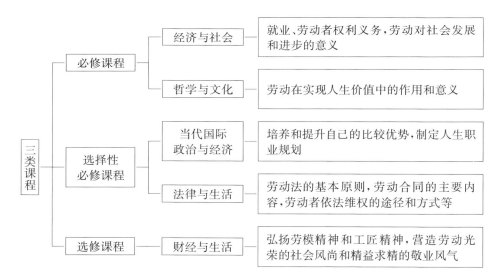

图 5-1   思想政治学科统编教材中劳动教育的内容

①　中华人民共和国教育部.中小学德育工作指南[EB/OL]. http://www.moe.gov.cn/srcsite/A06/s3325/201709/t20170904_313128.html，2017-08-17.

表 5-5　历史学科统编教材中劳动教育的内容

三类课程	模块内容	教学内容
必修课程	中外历史纲要（上）	唐宋、明清时期经济、文化与社会等方面的新变化
		新中国巩固人民政权的主要举措
选择性 必修课程	经济与社会生活	劳动在社会生产中的作用；历史上劳动工具和主要劳作方式的变化；机器生产、工厂制度、人工智能技术等对人类劳作方式及生活方式的影响
		劳动人民对历史的推动作用；生产方式的变革对人类社会发展所具有的革命性意义
		人类由食物采集者向食物生产者演进的过程及意义；现代农业、渔业发展过程中，人类在食物生产、储备等方面的进步

从课程内容看，思想政治课程标准对必修 2《经济与社会》的第二单元《经济发展与社会进步》增加了"阐明劳动对社会发展和进步的意义，弘扬劳动精神，树立崇尚劳动、热爱劳动的观念"，可就"如何成为知识型、技能型、创新型劳动者"组织学生开展讨论，并要求他们结合自己的实际情况，拟定学习计划。而在历史选择性必修模块 2《经济与社会生活》的第二单元《生产工具与劳作方式》内容要求部分，增加了"了解劳动在社会生产中的作用"，进一步明确学生的学习任务，"理解劳动人民对历史的推动作用"。因此，两者都强调了劳动对社会发展和进步，突出了劳动人民对人类社会的推动作用。

综上所述，以学生为主体，从唯物史观出发，在劳模故事的案例搜集与比较分析中了解劳动的历史价值，在具体实践过程中感受劳动的独立魅力，启示学生努力成为新时代的优秀劳动者是两门学科劳动教育的切入点。

2. 明确政史融合的劳动教育要求

以思维辨析和社会实践的方式开展历史和政治学科中的劳动教育，需妥善处理学科内容和劳动教育的关系。劳动教育强调学生的体验感与活动的完整性，在真实、综合性的任务中经历完整的劳动过程是培养劳动能力、体认劳动价值的关键环节①。因此,侧重于学科知识学习和素养目标实现的学科实践活动是劳动教育的切实路径和直接承载。学生在实践体验中,综合运用政治、历史学科的知识及思维方法,开展问题解决的学习,完成学习任务,从而达到深度学习的实效。

通过政史融合的劳动实践活动,开展劳动教育,收集劳模故事来考证历史,学生有机会从"教科书中学"解脱出来,亲身直观地感受历史的真实,有利于史料实证素养在历史教学中落实;学生在搜集、研究上海古往今来的劳模故事的过程中感悟劳模精神,树立艰苦奋斗、勇于创新、甘于奉献的劳模意识;在与小学生的故事讲解中,提升口语表达能力与交际能力。而教师通过关注学生劳动过程中的体验和感悟,引导学生感受劳动的艰辛和收获的快乐,增强学生的获得感、成就感、荣誉感。劳模资源蕴含着充足的家国情怀养分,由家及国、爱国爱家,是进行家国情怀教育的绝好路径。

3. 开展政史融合的劳动教育路径

基于政史融合的劳动教育引导学生树立正确的历史观、家国观,让上海劳模精神在新一代学生中继续传承与发扬。具体的路径如图 5-2 所示:

图 5-2　政史融合的劳动教育路径

(1) 政史融合资源的挖掘与开发

"君从故乡来,应知故乡事。"教师要重点着眼于学生们身边的劳模事迹,使学生能够基于已有知识经验进行建构,唤起探索的兴趣,激发家国情怀;同时,依托上海劳动模范风采展馆在纵向脉络上对上海劳模故事的阶段划分开展劳

---

①　中华人民共和国教育部.大中小学劳动教育指导纲要(试行)[EB/OL]. http://www.moe. gov.cn/srcsite/A26/jcj_kcjcgh/202007/t20200715_472808.html,2020-07-09.

模故事的学习,每一阶段都有其时代特征,每个时代都有时代劳模,学生们在阶段学习中不仅能了解劳模故事,还能从劳模故事的缩影中体会近代上海历史发展的变迁,并在对比、归纳中把握劳模故事的特殊性与普遍性——每一发展阶段有其特殊的时代使命,即任何一个劳模都是时代造就的,是时代的必然,而劳动始终是社会前进发展的重要推动力。

例如,在新时代的上海劳模故事中,可以选择大家熟悉的上海广播电视台主持人印海蓉的事迹进行重点学习。印海蓉是一名中国共产党党员,也是党的十八大和十九大代表,曾经参与直播的香港回归、上海 APEC 会议、汶川大地震等历史事件都是学生了解其劳模事迹的重要素材与时代写照,也是学生提升劳动素养的关键。在历史唯物史观的视角下,学生自然而然地提出了"处于当今时代的我们应该立志成为怎么样的劳动者?"的问题,在劳模精神的感召下,基于中华民族伟大复兴的历史使命,作出自己正确的判断与选择。

(2)政史融合资源的应用与转化

学习了解四个阶段的劳模故事后,可以鼓励学生将查阅到的劳模事迹转变为绘声绘色的儿童版故事册。高中学生在故事改编中,基于历史的脉络,基于真实问题情境下的故事改编,根据结对小朋友的心智特征与偏好有的放矢地进一步挖掘精彩的故事片段,选择适合小朋友的表述方式,转化成低年龄小朋友能够接受的劳模故事。对儿童版故事内容的编制实际上是劳模故事的实践应用,在孩子们心中播撒下一颗种子,使劳模精神得以传承,劳动梦想得以发扬。高中学生在帮助一年级小朋友了解劳模事迹的同时,自身也是劳模精神的主动学习者、传播者和实践者。用带有时代特征的劳模故事作为典型的案例为学生提供学习资料是学生劳动精神培养的重要途径。

例如,在改革开放时期的上海劳模故事中,为便于小学生理解,有一组学生选择了他们所熟知的"亚洲飞人"刘翔的事迹,对其进行深度挖掘,再转化为通俗易懂的励志故事。学生着眼于刘翔追逐梦想过程中的精神品质进行细致讲解：从一次赛前受伤却依然坚持训练和参赛说明刘翔为了梦想不放弃；用历史的眼光回看刘翔，从刚入队时只能拿一个杠铃到后来可以举50公斤杠铃，这一转变说明刘翔在逐梦过程中不怕艰难困苦。最后，学生将刘翔的事迹与他们的学习相联系，激励自己和一年级学生都要为了梦想努力奋斗，"比赛需要拼搏，学习也同样需要拼搏，遇到困难时，我们应该用劳模故事激励自己"。

（3）政史融合任务单的制定与实施

高中生将编制好的劳动小故事，讲给一年级学生们听，在小学生的内心深处激发他们的劳动梦想，帮助他们制定劳动教育任务单、完成劳动梦想的展示设计。在讲解劳模故事与交流互动中滋养的不仅仅是小学生的劳动梦想，也是高中生的一份份劳动生涯规划。习近平总书记在2021年召开的党史学习教育动员大会上指出，了解历史才能看得远，理解历史才能走得远。实际上，在四个阶段的劳模故事学习后，高中学生已深刻体会到每一阶段的时代特征与劳动者的使命，着眼于劳动者产生于时代又推动时代前进的历史发展脉络，能够总结当今的时代特征、明确自身的责任使命。

例如，在高中学生指导小学一年级学生的劳动梦想作品中，一组学生根据当前疫情这一历史大背景，和他们共同绘制了抗疫英雄王友农的感人事迹，并希望自己未来能和王友农一样成为新时代的领跑者；另一组学生则根据智能时代的特征，用彩笔绘制了有朝一日要与阿尔法狗（Alphago）一决高下的围棋梦，要求自己努力成为未来优秀的劳动人才。这些正与我国进入新时代的历史新要求，与上海建设"五个中心"、卓越的全球城市和社会主义现代化国际大都市目标相符合。

（4）政史融合劳动教育的升华与内化

新时代的劳动教育，就是开展热爱劳动、热爱劳动人民的教育活动。在唯物史观的指引下，运用马克思主义的劳动历史观，根据历史的脉络，学习不同时代的劳模故事,理解不同时代的劳模精神,真正感悟人民群众是历史的创造者,是社会历史发展的决定性力量。相较于单一的、灌输式的史实性学习与价值观念的认知,政史融合让知识性的学习内容更加鲜活、生动,当问题遇上情境,学生更易自觉形成尊重劳动、崇尚劳动的价值观念,明白自身肩负的历史使命。开展政史融合的劳动教育,能够更好地发挥劳动教育树德、增智、强体、育美的重要作用,培育学生的综合素养。此外,真实问题驱动下的劳动实践也提升了学生的劳动技能,培养劳动习惯,体会幸福生活劳动创造的道理。

在活动后期的访谈过程中,我们发现,所有参与活动的学生都表示本次活动的开展提升了自己的交往能力和口语表达能力,并有70%的学生表示,为了给小朋友带来更棒的体验,在以后的活动中会主动进行自我能力的提升。与此同时,也有学生提道:"在劳模故事的学习中,突然发现原来每一个职业都可以出劳模,平凡的人也可以做不平凡的事。"由此,劳动群众是历史的创造者,是推动历史前进的决定力量的唯物史观在学生心中自然落地。

4. 开发劳动教育的表现性评价工具

学习评价(评估)是促进学生成长、教师教学水平提高的重要手段。在本次学科实践活动中,我们围绕着核心素养目标,根据"教—学—评"一体化的要求,尝试着开发了贯穿整个学习过程的表现性评价工具。表现性评价以更具诊断性的教学实践,评估学生的认知思维和推理能力,以及运用知识去解决真实有意义的问题的能力,因此可以测评历史和政治学科复杂高阶的核心素养目标的落实情况;同时,嵌入课程的表现性评价能够更好地推动师生共同致力于实现"教—学—评"一体化[①]的学习质量测评要求。

根据表现性评价要求,在学科目标导向下,我们以学生在真实情境中的

---

① 周文叶,董泽华.表现性评价质量框架的构建与应用[J].课程.教材.教法,2021,41(10).

行为表现作为评估依据,设计学习活动。如在学科实践过程中,学生需递交收集的劳模资料、改编的儿童版故事、故事讲解录音及儿童劳模梦想作品;在实践活动结束后,学生代表需汇报实践体验与实践收获。为保证学生的主体性及教学评价一体化,活动开始前,学生自主选择参与活动,并由指导教师告知学习活动目标、内容及学习评估方式;后期,师生以具体的学习体验和劳动成果为依据进行多元的测评反馈。具体评估方式如表5-6所示:

表 5-6   政史融合中的劳动教育学科实践活动学生学习评价表

量化互评			
	具体活动	评估要点	评分 (☆☆☆☆☆)
阶段一	收集劳模资料	根据历史发展阶段,收集富有代表性的劳模史料;理解劳动创造历史、推动人类社会发展的作用	教师评价: 学生自评:
阶段二	改编劳模故事	综合史料内容,能够辩证地分析一则劳模事迹;结合儿童身心特点,创造性地改编故事,故事内容能够体现对劳模的赞美及劳动的魅力	教师评价: 学生自评:
阶段三	讲解劳模故事 指导儿童作品	以具体史料为支撑,积极主动地参与活动,在互动中富有感情地讲解儿童版劳模故事;并由劳模事迹引向自身,指导的儿童作品应体现以劳服务社会的情感	教师评价: 学生自评:
阶段四	汇报劳动经历	学生代表以小组具体的实践经历为依据清晰地阐述学习收获,富有感染力地讲述劳动创造历史创造社会的价值,感悟人生智慧,体现勇担社会责任的情感	教师评价: 学生自评:
总结性反思			
学生	1. 我所在小组做得怎么样,有哪些优缺点,以后可以怎么提升? 2. 我做得怎么样,以后可以怎么做?		
教师	1. 学生的学习情况怎么样,为什么会出现这种情况/取得这样的成绩? 2. 为提升教学实效,未来我还能做些什么?		

历史与政治融合,理论与实践结合,问题与情境共生。开展政史融合的劳动教育,通过对劳模事迹的学习,感悟时代特征,体会劳动幸福感,激发家国情

怀。走出教室小天地,开创实践大舞台,政史融合,打通时空脉络,从历史到现实,让劳动教育在传承中发扬光大。学生在教学活动中积极参与,全身心投入,获得有意义的学习,实现深度学习的目的。

5. 运用数字故事助力教学

随着科学技术的发展,现代信息技术的运用对学校教育产生了深远的影响,尤其对转变教育教学观念,促进课堂教学方式的改革,实现教学手段的现代化具有显而易见的作用。在现实的课堂教学中,如何恰当地运用现代信息技术提高课堂教学效果,如何运用合理的现代信息技术提高政治课的信度,如何借助现代信息技术助力教学,激发学生学习热情,需要新时代政治课教师学习开发数字化的教学资源助力教学,给学生深刻的学习体验。

数字故事作为一种数字化的教学资源,是课堂教学中常用的资源形式,在思想政治教学中利用数字故事开展教学有利于活跃课堂气氛、培养学生学习兴趣、拓宽学生的视野、促进教学重难点的解决以及优化教学方法,对提高教学效果、达成教学目标具有十分重要的作用和意义。

(1) 数字故事的内涵

思想政治教学中的数字故事就是在教学活动中,教师和学生把一些教学资源,例如教学案例、教学视频、教学材料等,借助多媒体技术,编写成一个教学故事,并且加入恰当的图片、音乐等多媒体元素,创造一个可视化故事的过程。一则符合教学需求的数字故事一般包括文字、图片、音乐等基本元素,如图 5-3 所示。数字故事的构成首先是一个好的故事,然后运用文字来表达,运用图片可视化的方法讲故事,还需要加上一点背景音乐烘托气氛,用音乐元素来讲故事,最后在 PPT 中整合,并设置自动播放。教学过程中,教师播放 PPT,以 PPT 配合音乐的形式一页一页讲故事。

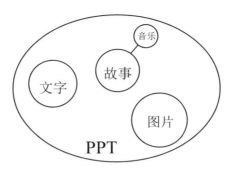

图 5-3   "数字故事"的基本元素

（2）运用数字故事的技巧

要利用数字故事取得良好的教学效果，就必须在课前、课中、课后各个阶段均使用恰当的技巧，具体来说：首先需要做好充分的课前准备工作，挑选合适的故事素材，然后在课堂教学时合理使用数字故事，最大限度地发挥优势，这样才能达到提高思想政治课堂教学的效果。

课前准备阶段。若在课堂教学中选择使用数字故事进行授课，那么就要对课堂教学中使用的数字故事进行提前备课，做好必要的准备工作，保证教学效果。教师要熟悉所掌握的故事素材，预测可能出现的问题及解决对策，还需要对数字故事如何使用做一个大致规划。

课中应用阶段。首先，教师要学会合理控制数字故事播放的"度"。在思想政治课的教学中，数字故事只是起到辅助教学的作用。选取在课堂上播放数字故事是为教学内容服务的一种辅助手段，制作的数字故事不能太长，一般 3—5 分钟为宜。其次，教师需要恰当把握数字故事切入的"时机"。一般而言，数字故事的切入有以下契机：新课导入时，运用数字故事导入，能让学生把分散的注意力快速转移到课堂上来；课堂讨论时，就数字故事中出现的和教学内容相关的问题进行讨论，这时教师也要看准时机，适当使用数字资源，教师对讨论的全程要予以点播、反馈；教学重难点分析时，以数字故事方式展示深奥的原理规律，用大量直观的感性信息传达抽象知识，往往能达到深入浅出的教学效果。

课后提升阶段。数字故事辅助教学流程结束之后，教师最好对数字故事辅助教学的过程进行"形成性评价"，此时的评价注重的不是对学生学习结果的评价，而是侧重于学生在视频辅助教学过程中的表现，以便及时了解学生在此阶段的学习进展和学生存在的问题，据此及时调整接下来的教学方案。

（3）运用数字故事应注意的要点

关注数字故事播放后的讨论与评价。思想政治课使用数字故事进行教学时，教师应该注意数字故事播放完之后并不意味着视频教学流程的结束，播放后的讨论才是视频教学的关键环节。若是教师只播放数字故事，播放后学生不进行思考，教师也不作评价总结，那数字故事的作用就会大打折扣。因而教师要根据数字故事内容以及教学内容设计问题，正确引导学生开展讨论。提高讨论的深度，调动学生理性思维，去探究数字故事展现的现象背后的原因及给我们的启示，等等。

采取合理措施跟进学生学习。思想政治课教师在课堂中使用数字故事辅助教学后，还应采取多种措施及时跟进学生的学习，帮助学生巩固、消化课堂上所学知识以及应用知识。课堂上由于受到时间、空间的限制，学生只能根据自己的知识储备和经验去思考、解决问题，对如何运用知识往往只是"纸上谈兵"，因此，课后教师就可以采取许多措施跟进学生的学习，主要措施有布置课后作业、开展第二课堂等。

（三）组织开展社会调查

新时代育人方式的改革，思想政治学科综合性、活动型课程的落实，需要高中思想政治课教师能够组织学生开展社会调查，学生走进社会大课堂，获得直接经验,对理论知识有更深刻的理解和掌握。在社会调查活动中,运用书本知识分析社会现象,为解决社会问题出谋划策,就是学生深度学习的具体体现。

教师在组织学生开展社会调查的活动时,首先自身需要掌握一些基本的社会调查方法,例如问卷调查法、实地观察法、典型调查法、文献调查法、网络调查法等。教师学会了这些调查方法的基本知识,才能更好地指导学生开展调查活动。

1. 问卷调查法

问卷调查的实施是社会调查的重要环节。设计出一份科学的、质量上乘的问卷是做好一项调查工作的前提,开展科学有效的问卷调查工作则是我们获得第一手有效数据的必要条件。我校学生在进行"本区网约车使用现状分析及改进方法研究"中设计了如下一份调查问卷。

《宝山区网约车使用现状分析及改进方法研究》调查问卷

您好,我们是来自宝山中学的学生,正在进行一项关于本区网约车使用现状分析及改进方法的调查研究。我们的调查主要是为了解本区市民网约车使用的情况,进而分析其现状的原因,从而提出改进的方法,为网约车的发展献计献策。本次调查采取不记名调查,请您依据真实情况进行选择,谢谢您的支持与配合,谢谢!

1. 您的性别是什么?

A. 男　　　　B. 女

2. 你出生于何时间段?

A. 1960 年代　　B. 1970 年代　　C. 1980 年代　　D. 1990 年代

3. 您订网约车的频率是什么?

A. 从不　　　　B. 偶尔　　　　C. 经常

4. 您在什么情况下会订网约车?

A. 不定网约车

B. 打不到车时会订网约车

C. 无论何时候何处都订网约车

5. 您觉得网约车方便吗?

A. 不方便

B. 与出租车差不多

C. 方便

6. 您遇到过司机自己进行拼车的情况吗?

A. 有　　　　B. 没有

7. 您觉得大多网约车的车内卫生条件如何?

A. 卫生条件不好,又脏又乱,有许多杂物等

B. 一般(或对卫生条件无要求)

C. 很好很干净,与一般出租车无异

8. 您有遇到过网约车拖延甚至失约的情况吗?

A. 有　　　　B. 没有

9. 您认为网约车是否安全?

A. 不安全,缺少人员及相关法律的管理

B. 与一般出租车无异

C. 很安全,比出租车更好

10. 您觉得网约车的价钱如何?

A. 不合理,经常有司机随意开价

B. 合理,与出租车差不多

C. 很便宜,很合算

11. 您希望能有以下什么措施来改善网约车乱象的现状？（可多选）

A. 加强安全观念的教育和宣传

B. 严肃处理出现安全问题的平台和网约车

C. 鼓励商对客电子商务模式

D. 政府部门加快有关法律建设及加强监督

E. 其他　请加以描述_____

12.（选做）您对于目前网约车的状况有什么意见或想法吗？

_____

感谢您的选择，谢谢支持！

这是一份比较规范的调查问卷，教师在指导学生设计问卷调查的时候，应该要做好以下的前期准备工作。

首先，了解调查问卷设计的一般程序，如图 5-4 所示。

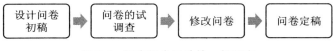

图 5-4　调查问卷设计的一般程序

设计问卷初稿。确定问题是问卷设计的关键，在对调查目的和内容有了比较清楚的了解之后，就可以确定问卷的提纲，然后设计问卷初稿。此调查问卷设计了如下提纲。

《宝山区网约车使用现状分析及改进方法研究》调查问卷提纲

1. 问卷调查的目的是什么？

了解本区市民网约车使用的情况，分析网约车存在的原因、优势及问题，提出改进方法，为网约车进一步改革提供一些的思路。

2.问卷调查的内容是什么？

（1）网约车的使用情况

（2）网约车的安全问题

（3）网约车的价格问题

（4）网约车乱象问题

3.问卷调查的对象的年龄？

1960年—1990年出生的市民

4.问卷调查的进行时间是什么时候？

利用周末、寒暑假等

5.问卷调查的步骤是怎样的？

（1）自由访谈

（2）拟定问卷

（3）预调查

（4）开展正式调查

在设计问卷初稿时，我们必须认真思考每个问题的内容：每个问题应包括什么，以及由此组成的问卷应该问什么，是否全面且切中要害。在此，针对每个问题，我们应反问：这个问题有必要吗？是需要几个问题还是只需要一个问题就可以了？我们的原则是，问卷中的每一个问题都应对所需的信息有所贡献。如果从一个问题得不到满意的使用数据，那么这个问题就应该被取消。

问卷的预调查。设计好的问卷，一般需要经过多次修改才能正式完成。在指导学生进行"宝山区网约车使用现状分析及改进方法研究"调查问卷时，从初稿到成稿，先后开展了十多次的修改，每次修改后的问卷样稿，都会组织不同的学生先试着做问卷,学生在答卷的过程中发现问题,再对问卷进行修订,如果必要可再进行试用,直至完全符合要求,如此反复,直至成稿。只有经过了试用和修改,并对校样反复检查后,才能把问卷送去印刷,并用于正式调查。问卷预调查的目的就是纠正模糊、混乱或者准备不充分的题目,从而不断完善调查问卷。

其次,明确问卷的基本结构。问卷(qestionnaire)是社会研究中搜集资料的一种工具。它的形式是一份精心设计的问题表格,用以测量人们的特征、行为和态度等。一般来说,一份问卷通常包括以下几个部分:封面信、指导语、问题及答案。案例中的这份调查问卷,在问卷的第一段就指向很明确,是关于本区网约车使用现状分析及改进方法的调查研究。这样的设计,为被调查者指明方向,直截了当,很清晰地告知对方这个调查的目的。此问卷从网约车使用的情况、安全、改进措施等方面设计了 12 个问题,问卷的内容比较全面,为后期的研究提供数据支持。

2. 实地观察法

实地观察法是一种由研究者到现场去进行直接观察,凭借感官的印象来获得材料的方法,它是社会调查研究中运用得比较广泛的一种方法。学生在对社会现象进行调查研究时,采用实地观察法,不仅方便易行,而且不需要复杂设备和特殊条件,所以,实地观察法是最基本、最常见的获取经验事实的方法之一。

首先,了解实施实地观察法的基本步骤,如图 5-5 所示。

图 5-5　实施实地观察法基本步骤

选择观察对象。观察的结果要具有典型意义，就应选择那些典型环境中的典型事物作为观察对象。在开展"宝山区网约车使用现状分析及改进方法研究"中，我们选择的观察对象主要锁定在公交车站、商场门口、小区门口、学校门口的网约车司机和 20—30 岁的乘客。这两部分人群是研究网约车问题最直接的对象，具有典型性，只有抓住了典型环境中的典型对象作为观察重点，才能真正达到观察的效果。

选准观察时间。选择观察的时间时，要充分考虑研究对象在不同时间段的活跃程度。在开展"宝山区网约车使用现状分析及改进方法研究"中，我们选择观察的时间为上下班、上下学等。此外，选择观察的场地时，要充分考虑所选场地和研究课题的相关性，以及进入场地开展观察研究的方便性。上一案例的最佳观察场地应该是学校、商场、公司门口等，这些地方是网约车使用比较集中的地方。观察时间、场地选得准、选得好，观察结果就更真实、更具体、更准确。

准备观察工具。首先，要做一些与课题相关的专门性准备。如果研究的问题对观察现场的人来说是一个敏感的话题，他们就可能拒绝合作。那么观察者可以考虑到现场进行一个初步的调查，看在那里从事此类研究是否可行。或者，为了增加自己的"可行度"，可以预先请学校领导写一封介绍信，以保证研究工作的顺利进行。其次，要准备记录工具。比如可以使用照相机、摄像机等工具。但在拍摄的时候，要有选择地进行拍摄，并将每一张照片、录像等进行编号，记录下必要的文字说明，以免时间久了遗忘。最后，要设计、制作观察记录表格、卡片等工具。有了这些工具，不仅可以提高观察、记录的质量和速度，而且有利于对观察结果做定量分析。在进行表格设计时，一般包括以下内容：观察对象的名称、观察的地点、观察的起止时间、观察的内容项目、观察的记录方法等。

做好观察记录。在进行实地观察时，及时的记录也是其中一个关键的环节。记录的方法,最好是采用同步记录,即在现场观察的同时记录下观察的情况,以保证能够掌握到第一手的资料;如果受到条件的限制,不宜做同步记录,就应该在观察之后尽快追记。不及时记录,时过境迁,就可能忘掉许多观察到的真实情况。记录的内容,根据观察者实际的情况,可详可略,只要记录下主要的事实和数据就可以了,同时还可以简要记录当下自己的主要感受和看法。以下是开展"本区网约车使用现状分析及改进方法研究"的实地观察记录表,如表 5-7 所示。

表 5-7　实地观察记录表

观察地点	观察时间(起止)	观察员姓名
某商场门口	上午 8:00—12:00	
观察内容及记录方法(学生自拟表格): (1)使用网约车的人群; (2)网约车与乘客的关系; (3)网约车司机的自身素质		
观察中遇到的问题: 乘客在叫车软件上叫的车辆信息与实际接客车辆不匹配等		
观察中的主要感受和看法: 网约车作为共享经济下大数据、移动互联网技术与人民群众对出行服务的多样化需求相融合的产物,与传统的巡游出租汽车相比较,网约车缩短了消费者的等待时间,填补了巡游出租车和公共交通未能覆盖的短途出行需求空白,通过预约方便了偏僻区域人民出行需要,打通了"城市交通微循环",所以一出现就收到了极大的反响,扩张速度快。近年来,人们选择网约车的比例逐年上升,但是也有一些恶性事件时有发生		

整理、分析观察资料。观察结束后就应该及时地整理资料,分析资料,看看所记录的资料是否真实、是否互相矛盾,同时思考是否还需要扩大调查范围,观察更多的对象。对于观察记录还要根据研究性质及数据分析的需要建立档案,进行归类整理。

其次,明确实施实地观察法应注意的问题。为保证观察顺利实施并取得良好的观察效果,在我们进行实地观察时,我们还需要注意一些方法和技巧。

与被观察者建立良好的关系。观察可分为局外观察和参与观察。对于参与观察来说,这是一件最重要、最困难、最费时间的工作。为了要和被观察者建立良好的关系,应该要做到以下的几点:第一,向被观察者说明来意,解除被观察者的顾虑;第二,尊重被观察者的文化习俗,不说违反禁忌的话,不做违反禁忌的事情;第三,在任何情况下都不能牵涉到被观察者的内部纠纷之中,始终保持中立。

尽可能减少对被观察者的影响。我们在进行实地观察的时候,如果想要了解处于自然状态下的社会现象,就必须要控制好自己的观察活动,尽可能减少自己的观察活动对被观察者的影响,只有这样才能收集到真实、准确的研究材料。

尽可能减少观察误差。我们有必要预先知道一些造成误差的原因及可以减少误差产生的办法。观察主体除了会受到思想、能力、心理因素的影响以外,还会受到生理、知识、环境等其他因素的影响而产生观察误差。观察的客体也会因为受到各种因素的干扰,影响其正常行为,而造成误差。观察的准确度和可靠性是有限度的,努力防止观察误差,是我们搞好实地观察的前提条件。所以,我们需要合理安排观察任务,妥当选择观察方式,进行对比观察和重复观察,来减少误差,尽可能确保实地观察的有效性。

3. 典型调查法

在从事社会调查工作的过程中,为了更好地实现调查目的,可以在对调查对象进行初步分析的基础上,有意识地选取少数具有代表性的典型样本进行深入细致的调查研究,从而对同类事物的发展变化规律及本质获得更为深刻的认识。

对典型案例进行调查分析,经历一个从总体中选择个别对象进行研究从而推判总体的过程。人们的思维过程,也是从个别典型的认识到一般总体的认识,这符合人们认识客观事物从个别到一般的认识规律。因此,在进行社会调查时,可采用这种科学思维的方法,通过搞清所调查的典型对象各方面的情况,做系统、细致的解剖,从而得出用以指导工作的结论和办法。

首先,了解实施典型调查法的基本步骤,如图 5-6 所示。

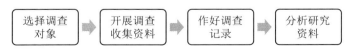

图 5-6　实施典型调查法的基本步骤

选择典型对象。正确地选择典型对象是进行典型调查的关键。要正确地选择典型对象,就要根据调查的目的,在对事物和现象总体情况初步了解基础上,综合分析,对比研究,从事物的总体和相互联系中分析有关现象及其发展趋势,选出典型。在开展"宝山区网约车使用现状分析及改进方法研究"中,我们选择了网约车司机作为典型对象,因为网约车司机作为直接使用者最有发言权,在访谈他们的过程中能够获得比较直接、有价值的资料,为本课题的研究奠定基础。

开展调查,搜集资料。选取了典型调查的对象后,就要对调查对象开展深入实际的、全面的、真实的调查,从而获取调查研究所需资料。我们要始终注意搜集、保存包括数字资料、文字资料和图片资料在内的各类资料。搜集资料时,可以灵活地运用访谈法、问卷法、文献法、观察法等多种方法,可以根据不同对象和问题,选择恰当的方法,或交替使用几种方法。至于搜集的内容,凡是与调查有关的各种有用资料,都在搜集之列。比如,可以采用实地观察法,深入调查对象的生活中,通过参与观察、无结构式访问收集资料,以实现对典型个案的深入理解;可以采用蹲点调查法,对调查对象进行一段时间的持续调查和深入剖析,从而发现问题、理清思路,以鲜活的人、事、物来反映调查对象的本质,给人以启示;可以采用访谈法进行个别访问,通过向受访者提问来搜集资料。

作好调查记录。在对调查对象开展调查研究的过程中,要注意做好调查记录,尽可能做详细的音像、文字等记载。内容全面复杂,时间比较长的,特别是具有开创性、探索性和试点性的调查,资料的搜集、积累及保存就更为重要了。以"宝山区网约车使用现状分析及改进方法研究"为例,如表 5-8 所示。

表 5-8　典型调查记录表

调查课题	宝山区网约车使用现状分析及改进方法研究				
调查时间	2018 年 5 月	调查地点	本区某商场门口	记录人	
调查对象	网约车司机	调查方式		问卷调查 访谈调查	
调查内容纪要: 在宝山区人流密集的黄金广场、宝乐汇、友谊支路盘古路口等多个地点随机对网约车司机进行面对面访谈后,指导他们填写调查问卷					
资料收集情况: 共发放问卷 386 份,回收并除去无效问卷后,最终获得有效问卷 386 份					
调查中的困难与收获: 以问卷调查的形式,对宝山区网约车用户及相关人群进行调查,对问题产生的原因进行分析,力图揭示影响网约车服务和安全质量的直接原因					

分析研究资料。当我们通过调查收集到各类影像文字资料后,需要对这些资料进行分类汇总。由于调查对象是具有代表性的典型样本,因此对调查所得资料进行汇总、整理、分析,对调查对象进行直接剖析,能够使我们透过事物的现象发现事物的本质和发展规律。

其次,明确实施典型调查法应注意的问题。所选的对象要具有代表性,能够集中有力地体现问题和情况的主要方面。我们可以根据实际需要采用两种不同的方法确定调查的典型对象。一种是一般的典型调查,只需在总体中选出少数几个典型单位,通过对这几个典型对象的调查研究,用以说明事物的一般情况或事物发展的一般规律；另一种是将调查总体划分为若干类，再从每类中选择若干典型进行调查，以说明各类的情况。

注意点与面的结合。典型虽然是同类事物中具有代表性的部分或单位，但毕竟是普遍中的特殊，一般中的个别。因此，对于典型的情况及调查结论，要注意哪些属于特殊情况，哪些可以代表一般情况。要慎重对待调查结论，对于其适用范围要作出说明，特别是对于要推广的典型经验，必须考察、分析是否具备条件，条件是否成熟，切忌"一刀切"。

定性分析与定量分析结合。对典型对象进行调查时，不仅要通过定性分析，找出事物的本质和发展规律，而且要借助定量分析，从量上对调查对象的各个方面进行分析，以提高分析的科学性和准确性。

调查过程注重全、真、深。典型调查的目的不在于认识少数的几个典型，而在于借助于典型认识它所代表的同类事物的共性。这就要求对典型进行深入的、全面的直接调查，从而获得关于调查对象的第一手真实的资料。

4. 文献调查法

文献调查法是调查者采用科学的方法搜集文献资料、摘取有用信息、进行整理分析，储存和传递与调查课题相关的信息，并通过对文献的研究形成对事实的认识。文献调查法是社会调查研究中收集资料的基本方法之一，是一般社会调查的基础和前导。

首先，了解实施文献调查法的基本步骤，如图 5-7 所示。

查找文献 ➡ 搜集文献 ➡ 摘取信息 ➡ 记录信息

图 5-7　实施文献调查法的一般步骤

查找文献。查找文献一般可以运用不同的检索工具从图书馆、档案馆和互联网上查找，尤其要学会通过图书馆查找自己所需要的文献。

搜集文献。查找文献是为了搜集文献。文献的类型多种多样，主要有纸质文献和网络文献。在纸质文献调查中，主要有索取、交换、购买、拍照、录制、借阅、复制等常用的搜集文献的途径；在网络文献调查中，我们可以通过浏览网站和用关键词检索，将有用的信息下载，保存到相应的文档里。搜集文献的目的是摘取与调查课题有关的信息。因此，摘取信息的程序和记录信息的方法，是文献研究法的另一重要内容。

摘取信息。摘取信息的一般程序是：浏览、筛选、阅读和记录。浏览，就是将搜集到的文献资料普遍地、粗略地翻阅一遍。浏览要有明确目的，即大致了解文献内容，初步判明文献价值。筛选文献应该分层次进行，通过逐层筛选，就能做到各类文献层次分明，为下一步阅读做好准备。阅读是摘取信息的前提，阅读可分为粗读和精读两个阶段。

记录信息。记录信息是文献调查的一个重要工序，文献调查的直接结果应该通过这一道工序表现出来。在记录文献信息时，我们需要做好文献资料的信息记录工作，使我们能及时了解文献资料的收集情况。许多人阅读文献都曾有过这样的教训，即只注意阅读而忽视了及时记录，这样阅读时发现的许多有用信息，到用的时候却找不到了。以"宝山区网约车使用现状分析及改进方法研究"为例，如表 5-9 所示。

其次，明确实施文献调查法应注意的问题。在确立研究主题，掌握文献资料之后，要对文献资料进行摘录。就是把通过阅读找到的有价值的资料保留下来，以供进一步分析研究之用。

分析文献资料与研究主题的关系。这是对资料进行整理和归纳的过程，在此期间要着重搜寻每一条资料和研究主体之间的关系。

说明研究的主题。在分析了全部文献资料的性质后，形成理论体系，用文字报告的形式解释整个研究结论和成果，说明此次研究的主题及经验。

表 5-9　文献调查信息记录表

调查课题	宝山区网约车使用现状分析及改进方法研究				
调查人员			调查时间	2018 年	记录方式	电子资料
文献题目	夏林.网约车市场发展现状及建议.当代经济[J]. 2017；34(12)，P72—73.	文献来源		知网	

文献内容摘要：
根据罗兰贝格发布的《2016 中国约车及租车市场分析报告》，2016 年上半年，网络预约出租车用户规模为 1.59 亿人，占网民比例为 22.3％；网络预约专车用户规模为 1.22 亿人，占网民比例为 17.2％。预计 2020 年网约车/专车市场的潜在出行需求约为 1.1 亿次/天，对应的市场规模约为 1.1 万亿元/年。可见中国网约车/专车市场发展潜力巨大

其他类似资料索引/关联：
据统计 2017 年上海外来常住人口 972.69 万，上海户籍常住人口 1445.65 万；截至 2017 年 10 月，全市公交运营线路共 1461 条。公交运营车辆达 1.67 万辆，运营出租车 4.73 万辆

札记（研究心得、体会）：
随着改革开放 40 年国家经济的迅速发展，人民享受到了巨大的红利，生活水平迅速提高，追求生活质量提高的需求显得越来越突出

综上所述，思想政治课教师应该掌握以上基本的社会调查方法，在组织学生开展社会调查时，教会学生学会这些基本的调查方法，引导学生综合运用这些调查方法开展社会调查活动。

（四）指导学生进行社会调查

高中思想政治课教师在指导学生进行社会调查时，除了指导学生正确地运用基本的调查方法外，还要辅导学生探索和寻找社会调查研究的课题，指导学生撰写社会调查研究报告等。笔者在实践中发现，指导学生规范地撰写社会调查研究报告尤其重要。一份高质量的社会调查报告是学生综合素养的体现，也是学生深度开展调查活动的有效凭证。

社会调查研究报告是将调查研究得来的情况进行真实地表述，来反映问题，揭示社会发展的规律；向人们提供经验教训和改进办法，为有关部门提供决

策依据,为科学研究和教学部门提供研究资料和社会信息。社会调查研究报告是调查研究最终成果的书面形式,是以文字、图表等形式将调查研究的过程、方法、结果呈现出来。中学生在撰写社会调查研究报告时,要按照调查研究报告的结构规范地撰写,一份深入细致、具有科学性、指导性的调查研究报告论点要准确,论据要真实、分析要全面。

1. 了解社会调查研究报告撰写的基本要求

论点要准确,要有科学性。社会调查研究的论点要准确、科学。调查者要表明态度,清晰地表达"赞成什么,反对什么";确立的论点要能揭示事物的本质,合乎科学原理和党的方针政策。在关于"宝山区网约车使用现状分析及改进方法研究"中,学生通过问卷调查等方法,了解到网约车是"互联网＋"时代的产物,也是共享经济的一种体验。在获取了极大方便快捷、价格低廉的体验后,人们发现网约车也出现了一些问题,如安全问题、投诉不畅、平台之间恶意竞争等,甚至出现了恶性事件。如何在互联网时代发挥网约车的优势,修正其发展过程中的方向,避免发生更多的社会问题,是这项课题研究的主要目的和意义。此课题的研究来自学生生活实际,充分体现了高中生价值判断力、法治素养和社会参与能力。

论据要真实,要有说服力。社会调查研究运用的论据要真实、典型、充分。在关于"宝山区网约车使用现状分析及改进方法研究"中,在分析"您希望能有什么措施来改善网约车乱象的现状?"这个问题时,既引用了理论论据,又运用了事实论据,提出调整运营模式。鼓励 B2C 模式,对司机和车辆有比较严格的审核监管;严格管控 C2C 模式,对于驾驶员资质的安全管控,建议要求司机应取得相应准驾车型机动车驾驶证并具有三年以上驾驶经历,经考核合格取得预约出租车汽车驾驶员类别的从业资格证;同时要求公安部门对驾驶员进行违法犯罪记录核查,有刑事犯罪记录的人员一律不得从事本行业,车辆使用性质登记为出租客运,需要取得出租汽车类别的道路运输证等。

　　论证要严密,富有逻辑性。论证是用论据来证明论点的过程,主要是按照一定的逻辑推理形式把论点和论据组织起来,证明论点是正确可信的。一般的论证逻辑为:展示现状—发现问题—分析问题(问题的成因、影响)—提出解决问题的对策、措施。

　　数据分析要全面,要有客观性。通过前期的调查准备,收集到的数据经过处理后,我们要对其进行系统、全面的分析。在关于"宝山区网约车使用现状分析及改进方法研究"中,对本区乘客乘坐网约车的意愿进行调查。调查遵循随机抽样的原则。共发放问卷 386 份,回收并除去无效问卷后,最终获得有效问卷 386 份,并对有效问卷进行了数据汇总分析。

您觉得比起出租车,网约车的性价比如何? [单选题]

选　　项	小计	比　　例
高	188	48.7%
低	62	16.06%
无差别	136	35.23%
本题有效填写人次	386	

您觉得网约车安全性如何? [量表题]

本题平均分:6.44

选　　项	小计	比　　例
不安全	4	3.31%
1 分	2	1.65%
2 分	4	3.31%
3 分	7	5.79%

续表

选 项	小计	比 例
4 分	3	2.48%
5 分	18	14.88%
6 分	18	14.88%
7 分	10	8.26%
8 分	35	28.93%
9 分	12	9.92%
安全	8	6.61%
本题有效填写人次	121	

您觉得网约车安全性如何？［量表题］

本题平均分：5.67

选 项	小计	比 例
不安全	17	6.42%
1 分	3	1.13%
2 分	9	3.4%
3 分	25	9.43%
4 分	19	7.17%
5 分	51	19.25%
6 分	31	11.7%
7 分	37	13.96%
8 分	43	16.23%
9 分	13	4.91%
安全	17	6.42%
本题有效填写人次	265	

您坐过的网约车是否有安全措施？例如具有行驶记录功能的车辆卫星定位装置、应急报警装置等。［单选题］

选　项	小计	比　例	
有	147		38.08%
无	239		61.92%
本题有效填写人次	386		

您遇到过司机自己进行拼车的情况吗？［单选题］

选　项	小计	比　例	
有	123		31.87%
没有	263		68.13%
本题有效填写人次	386		

您希望能有以下什么措施来改善网约车乱象的现状？（可多选）［多选题］

选　项	小计	比　例	
加强安全观念的教育和宣传	247		63.99%
严肃处理出现安全问题的平台和网约车	302		78.24%
鼓励商对客电子商务模式	129		33.42%
政府部门加快有关法律建设及加强监督	303		78.5%
应该有统一标识	226		58.55%
其他（请加以描述）	22		5.7%
本题有效填写人次	386		

从上述调查结果看，可以得出以下结论：

从性价比看，高达64.77%的人认为有差别，其中48.7%的人认为性价比高。说明网约车以其方便快捷、价格相对合理的特征已经被大部分人接受。

从乘车安全性看,男性人群中认为安全的比例是不安全的比例的 2 倍,评分 8 分的最多,占 28.93%,其次是 5 分(14.88%)和 6 分(14.88%),安全性在 1—3 分者比例远远低于占 5—10 分者,平均评分为 6.44 分;而女性人群中,认为安全的比例与不安全的比例相同,评分 5 分的最多,占 19.25%,其次是 8 分 (16.23%)和 7 分(13.96%),安全性在 1—3 分者比例远远低于占 5—10 分者,平均评分为 5.67 分,说明人们对网约车的相关性感受不一,女性认为网约车更加不安全。

从网约车的安全措施上看,网约车上的安全设备不全的比例高达 61.92%,说明网约车的安全性差。

网约车拼车现象:68.13%人乘坐网约车是拼车的,说明人们容易接受拼车,网约车通过拼车降低了成本。

改善措施:人们多数认为政府需要进一步监管,严肃处理问题平台及违规网约车,同时加强安全性教育和统一网约车标示也是主要的改进措施。

2. 明确社会调查研究报告撰写的基本程序

我们在撰写社会调查报告的时候,一般要遵循以下流程:

图 5-8 撰写社会调查报告的流程

整理资料。整理资料是研究资料的基础,是研究阶段的首项工作。调查阶段搜集的资料有文字资料、数据资料、视听资料、视频资料、问卷资料等。整理资料就是根据调查研究的目的,运用科学的方法,对这些资料进行审核、检验、分类、汇编等初步加工，使之系统化和条理化，并以集中、简明的方式反映调查对象总体情况的工作过程。

拟写提纲。在撰写研究报告之前，一般都应先写好提纲。在写调查报告之前，必须对通篇内容作一番精心的设计。从篇章结构、中心思想、内容表达层次，每一章节叙述什么内容，穿插哪些图、表、照片，都要做缜密考虑，并列出粗纲，然后修改补充为详细提纲。

撰写初稿。拟定完调查研究报告的提纲后，就要进入撰写初稿阶段。在调查研究报告的初稿中，应该包括题目、引言、主体、结论、附件五个部分。

修改定稿。研究报告的修改和其他文章的修改一样，要经过反复审阅，对于那些可有可无的叙述要大刀阔斧地砍掉，毫不痛惜。在多次自己修改的基础上，自认为满意后，还应当请人批评指正，再行修改，最终定稿。

3. 学会社会调查研究报告撰写的基本规范

一篇规范的中学政治社会调查研究报告，包括题目、引言、主体、结论、附件五个部分。

题目。调查报告题目应该用简短、明确的文字写成，通过标题把实践活动的内容、特点概括出来。题目字数要适当，一般不宜超过 20 个字。如果调查内容难以简洁概括，可以用副标题加以说明，一般使用陈述句。

引言。引言应反映报告的主要内容，概括地阐述实践活动中得到的基本观点、实践方法、取得的成果和结论。引言字数要适当，中文摘要一般以 200 字左右为宜，英文摘要一般至少要有 100 个实词。引言包括："引言"字样，引言内容和正文关键词。

主体（正文）。正文部分主要是资料的介绍与分析，占整个报告篇幅的80％。正文部分是调查报告的关键部分，包括对活动过程中所涉及的调查论证的材料的说明，以及在此基础上得出的结论和形成的观点。报告内容观点鲜明，重点突出，结构合理，条理清晰，文字通畅、精练。字数一般控制在 3000—

5000 字。

结论与建议。在结论中,需要阐明以下内容:(1)判定。针对本次调查研究的社会现象或社会问题的现状、结构、特征、原因等方面作出明确扼要的判定。(2)预测。对调查研究的社会现象或社会问题未来的变化趋势作出判断或推论。(3)建议。在调查分析的基础上告知读者该怎么做。

附件。附件包括调查问卷、文献资料,以及需要对调查报告说明的资料等,附件部分的内容可多可少,是对调查报告的补充。

总之,撰写研究报告必须有"三严"的精神,即严肃的态度、严谨的学风、严密的方法。写出来的报告必须达到"五性",即正确性、客观性、公正性、确证性、可读性。

综上所述,深度学习的研究与实践过程对教师的专业发展提出更高要求。通过深度学习的实践,丰富教师关于学生和课程的深层知识,提高教师教学设计和实施的能力,增强教师的合作意识和合作能力,促进教师教学方式的转变。

结　语

　　"未来不是我们要去的地方,而是需要我们创造的地方。"深度学习有利于学习者 21 世纪的核心素养和核心技能的发展。核心素养是适应终身发展和社会发展需要的必备品格和关键能力,是每个人发展自我、融入社会及胜任工作所必需的。①作为新时代的思想政治课教师,应发挥积极性、主动性、创造性,按照政治要强、情怀要深、思维要新、视野要广、自律要严、人格要正的要求,不断提高自己的专业素养,养成科学的思维态度和思想习惯,促成学生的深度学习。

　　杜威认为,传统的教育倾向于把教师看成是独裁的统治者。实际上,教师是一个社会团体的明智的领导者。教师在教育中的地位不可忽视。学生缺少经验,考虑问题片面不够成熟,教师要凭借其广博的知识和丰富的经验,培养学生处理问题的能力,帮助学生将已有的经验进行升华,起到重要的引领作用。②杜威的这段话,使笔者产生了疑惑:教师是一个社会团体的明智的领导者,教师是领导者与教师是指导者,有什么不同? 笔者认为,领导者与指导者是不同的。教师不管是领导者还是指导者,都是对教师角色和身份的描述。教师是领导者,领导的本质是一种影响力,即领导通过其影响力来影响追随者的行为以达到组织目标。领导是一种方法,更是一种艺术,需要不断地顺势而变,需要不断创新,教师作为领导者,需要运用正确的思维方法,并通过其影响力来影响学

　　①　裴新宁,刘新阳.为 21 世纪重建教育[J].全球教育展望,2013,42(12).
　　②　胡钰涵,杜威经验论思想下基础教育改革的教师角色探索[J].中学课程资源,2020(4).

生,实现教学目标。教师是指导者,指导的本质是引导,当学生"迷路"的时候,教师不是轻易告诉方向,而是引导他怎样去辨明方向;引导可以表现为一种激励,如同当学生畏惧登山的时候,教师不是拖着他走,而是唤起他内在的动力,鼓励他不断向上攀登。领导比引导优越体现在教师通过正确的思维方法来影响和培养学生,从而达成教学目标。作为教师,应该由单纯的知识传授者转变为学生学习的指导者,发展为学生明智的领导者。

今天,我们应该怎样理解思维?思维就是把单纯情欲的、盲目的和冲动的行为转变为智慧的精神活动。思维起源于某种疑惑、迷乱或怀疑,是一种信念,一种想象,它包括分析、综合、归纳、演绎、抽象、概括、推理等能力,它是人类区别其他物种最引以为傲的能力。思维需要细心而周到的教育和指导,才能体现它的价值,实现它的功能。在教育教学活动中,根据学生的心理和思维特点,有针对性地创造一系列有利于学生思维发展的条件,让学生学会思维,让学生知道怎样思维,让学生了解怎样发展思维,作为教师,责无旁贷。

教师的明智意味着不仅能够思维,而且要善于思维,并且能给学生提供正确的、科学的思维。教师要成为明智的领导者需要具备一定的条件。首先,教师对教材具有理智的准备。"这种准备"的前提是教师应当有超量的丰富的知识,"这种准备"就是教师上课前要精通教材,可以熟练地运用教材。只有这样,才能更好地解答学生的疑惑。其次,教师不仅需要具备所教学科的专业知识,还要有学科外的知识,例如心理学、学科教学法、教育学等,这样教师不仅能够凭借这些知识观察学生的反应,准确理解学生的言行,而且能运用这些正确的方法指导学生。最后,教师必须对个人所教的学科有特殊的准备。所谓的特殊准备,就是指教师的灵活性,教师依靠对所教学科的兴趣和知识,理智处理意料不到的偶发事件和问题的能力。教师在上课之前,能够想到种种可能发生的事情、可能出现的新问题,并且能够想好处理的方法。

我们的教育教学应该给予学生什么?教师作为明智的领导者,教给学生的不应该是零散的知识或概念,而应该是对于世界最核心的概念与观念,以及观察思考问题最根本的方法,而这种最根本的方法就是正确的思维方法。那么,教师如何把这种正确的思维方法教给学生,从而培养学生的思维能力呢? 笔者认为可以从以下几个方面可以考虑:

第一,让教师成为"人"。人是有感情的,有欲望的(理智的欲望)。不管学生对学习有无兴趣,教师的教学应该触动学生的心灵,使学生产生某种理智的兴趣。学生有求知的渴望,心灵就会有所作为;没有求知的渴望,即使给他塞满了知识,到头来也会毫无所得。一直以来,给学生留下深刻印象的教师,往往是能够引发学生兴趣的教师,他们把自己对知识的热情传递给学生,使学生有探究的渴望,发挥学生内在的动力。就如杜威指出的,一个令人生厌的、敷衍了事的教师将使任何学科变成死物。

第二,让学生说"真话"。学习是一种思维活动。学习的主体是学生。学生学习的过程是思维训练的过程。课堂上要让学生说"真话",首先,要尊重学生的人格,让每个学生能够清晰地、大胆地表达他们的意见和想法;其次,课堂上,教师不要以一个领导者的形象出现,要创设和谐的学习氛围,让学生积极参与到课堂中,课堂学习就像真实的生活背景;最后,要活用教材教,教师要以理智的态度对待教材,不能教材讲什么就是什么,教材的用途只是在于引出问题,为解答问题提供知识。

第三,让课堂回归人与人的交往。课堂上,教师与学生的接触是最紧密的。在如今的课堂中,我们会发现这样一些现象:课堂上,教师怎么讲,学生就怎么做,即使学生感觉自己的所想与教师的所教有所冲突,也很少去思考教师所讲内容是否正确,课堂提问常常是为了取得问题的答案,而不是质疑。这样的课堂是没有交往的,交往应该是相互的、共同的交流。杜威指出,思维是探究、调查、熟思、探索和钻研,以求发现新事物或对已知事物有新的理解。思维就是疑问,课堂上教师向学生提问,指导他们探究以及养成他们独立探究的习惯。要让学生的思维动起来,就需要设疑,并且这些问题必须要与学生的先前的知识联系起来,问题出现后,要引导学生寻求正确的方法来解答问题。

运用科学的思维方法,把思维训练有意识地融入学科中。课堂上,为思维而教,教会学生学会思维,学会怎样发展思维,培养学生的思维人格,深度学习自然也就有了。

参考文献

[1] 何玲,黎加厚.促进学生深度学习[J].现代教学,2005(5).

[2] 张治勇,李国庆.学习性评价:深度学习的有效路[J].现代远距离教育,2013(1).

[3] 付亦宁.深度学习的教学范式[J].全球教育展望,2017(7).

[4] 徐广宇.深度学习:政治课教学的应然追求[J].思想政治课教学,2018(5).

[5] 董秋萍.高中思想政治课教学中深度学习的探析[J].现代职业教育,2018(19).

[6] 崔友兴.基于核心素养培育的深度学习[J].教育探究,2019(2).

[7] 向葵花,陈佑清.聚焦学习行为:教学论研究的视域转换[J].课程·教材·教法,2013(12).

[8] 闫钰,于瑞莲,胡恭任,等.基于超星学习通的环境化学课程混合式教学探索与实践[J].广东化工,2019(23).

[9] 杨歌谣.混合式教学模式下教学评价的文献综述与展望[J].高教论坛,2019(2).

[10] 彭小红.形成性评价的调查与思考[J].中国高等医学教育,2020(1).

[11] 黄俊梅.高中思想政治课中的表现性评价[J].素质教育大参考,2008(7).

[12] 徐剑慧.浅谈表现性评价在高中思想政治课中的运用[J].求知导刊,2020(1).

［13］李松林,杨爽.国外深度学习研究剖析[J].比较教育研究,2020(9).

［14］姚梅林.从认知到情境:学习范式的变革[J].教育研究,2003(2).

［15］21 世纪核心素养 5C 模型研究报告[DB/OL]. http://edu. china. com.cn/2018-03/30/content_50776631.htm.

［16］许红琴.深度学习———基于核心素养的小学语文教学[J].中小学教师培训,2018(1).

［17］郭华.深度学习及其意义[J].课程・教材・教法,2016(1).

［18］崔允漷.指向深度学习的学历案[J].人民教育,2017(20).

［19］安福海.促进深度学习的课堂教学策略研究[J].课程・教材・教法,2014(11).

［20］李吉林.情境教育的独特优势及其建构[J].教育研究,2009(3).

［21］辛朋涛.道尔顿制与"菜单式"班级授课制的结合——兼论文科研究生教学组织形式的变革[J].学位与研究生教育,2006(5).

［22］杨清.后模式时代的学校课堂教学变革:从标签化多样到内涵式多元[J].中国教育学刊,2016(9).

［23］叶澜.让课堂焕发出生命活力——论中小学教学改革的深化[J].教育研究,1997(9).

［24］叶澜.课堂教学过程再认识:功夫重在论外[J].课程・教材・法,2013(5).

［25］郑金洲.重构课堂[J].华东师范大学学报(教育科学版),2001(3).

［26］詹青龙,陈振宇,刘小兵.新教育时代的深度学习:迈克尔・富兰的教学观及启示[J].中国电化教育,2017(5).

［27］曲振琳,张洋.互动・和谐・共生——生态课堂建设的实践研究[J].教学与管理,2017(21).

［28］尹睿.情景学习与建构主义学习的批判:校本学习研究的视角[J].教育发展研究,2008(10).

［29］张浩,吴秀娟.深度学习的内涵及认知理论基础探析［J］.中国电化教育,2012(10).

［30］贾义敏,詹春青.情境学习:一种新的学习范式［J］.开放教育研究,2011(5).

［31］冯锐,任友群.学习研究的转向与学习科学的形成［J］.电化教育研究,2009(2).

［32］余凯,等.深度学习的昨天、今天和明天［J］.计算机研究与发展,2013,50(9).

［33］杜娟,等.促进深度学习的信息化教学设计的策略研究［J］.中国电化教育,2013(10).

［34］陈志刚.对三维课程目标被误解的反思［J］.课程·教材·教法,2012(8).

［35］辛涛,等.论学生发展核心素养的内涵特征及框架定位［J］.中国教育学刊,2016(6).

［36］张华.对话教学:涵义与价值［J］.全球教育展望,2008(6).

［37］中华人民共和国教育部.普通高中历史课程标准(2017年版2020年修订)［M］.北京:人民教育出版社,2020.

［38］李森.现代教学论纲要［M］.北京:人民教育出版社,2005.

［39］［美］戴维·H.乔纳森,等.学习环境的理论基础［M］.郑太年,等译.上海:华东师范大学出版社,2002.

［40］莫雷,张卫.学习心理研究［M］.广州:广东人民出版社,2005.

［41］上海市教育委员会教学研究室.中学思想品德和思想政治单元教学设计指南［M］.北京:人民教育出版社,2018.

［42］梁海鸣,大学中庸［M］.呼和浩特:远方出版社,2009.

［43］约翰·杜威.我们怎样思维［M］.姜文闵,译.北京:人民教育出版社,2005.

［44］安德森.布卢姆·教育目标分类学(修订版)［M］.北京：外语教学与研究出版社,2009.

［45］保罗·弗莱雷.被压迫者教育学［M］.顾建新,赵友华,何曙荣,译.上海：华东师范大学出版社,2014.

［46］杨向东.如何基于核心素养设计教学案例［N］.中国教育报,2008-05-30.

［47］教育部关于全面深化课程改革　落实立德树人根本任务的意见［NB/OL］. http://www.moe.edu.cn/publicfiles/busines/htmlfiles/moe/s7054/201404/167226.html.

［48］Dolmans D H J M，Loyens S M M，Marcq H，et al. Deep and surface learning in problem-based learning：A review of the literature［J］. Advances in Health Sciences Education，2016，21(5).

［49］Fullan M. The new pedagogy：Students and teachers as learning partners［J］. Learning Landscapes，2013，6(2).

［50］Marton F，Saljo R. On Qualitative Difference in Learning：Outcome and Process［J］. British Journal of Educational Psychology，1976(46).

［51］Smith T W，Colby S A. Teaching for Deep Learning［J］. The Clearing House，2007，80(5).

［52］Draper S. Deep and surface learning：The literature［OL/J］.〈http://www.psy.gla.ac.uk/～steve/courses/archive/CERE12-13-safari-archive/topic9/webarchive-index.html〉.

［53］Gibbs R. Embodiment and cognitive science［M］. Cambridge：Cambridge University Press，2005.

［54］Fullan M，Langworthy M. A rich seam：How new pedagogies find deep learning［M］. London：Pearson，2014.

后　记

　　2022 年的冬日里,完成了书稿,让我不仅感慨自己的教学生涯。1998 年自上海师范大学政法系毕业后到上海市宝山中学任教至今已有 20 个年头。20 多年来,我一直坚守在教学第一线,长期担任班主任工作,长期带教高三毕业班,在思政讲台上,播撒着对学生的热爱与耐心,播撒着对思政学科的热情与执着。感谢宝山中学为我专业成长搭建的平台,提供的机会。上海市宝山中学是一所以区域命名的区实验性示范性高中,也是宝山区高中政治学科研究基地。

　　二十年来,在各位导师的引领指导下,在学校领导的关心爱护下,我从一名初入教师队伍的政治教师,成长为区骨干教师、区学科带头人直至区首席教师。2021 年有幸被评为了宝山区教育系统训新一轮的首席教师,也有幸成为宝山区首期普教系统卓越教师 A 班学员,同时,担任上海师范大学马克思主义学院的校外研究生实践导师。我的每一步成长让我对思政教学、对专业发展的认识有了质的转变,实现深度学习的基础。

　　2017 年,我有幸成为宝山区教育系统第二届学科研究团队领衔人,指导带教区级骨干教师与部分青年教师,与本区的学科教师共同学习、共同研究、共同进步。根据团队成员的教育教学需求,基于高中政治课程标准,研读统编教材,开展单元教学实践,平均每两周开展一次团队活动。2018 年 4 月,在宝山区骨干团队工作推进会上,作为团队领衔人代表做专题交流。在 2019 年中小学优秀作业、试卷案例评选活动中,团队获得了一个一等奖、两个二等奖。本人领衔的团队获得市级的一等奖。

2012 年开始,我先后成为了第三期、第四期"上海市的普教系统名校长名师培养工程"后备人选。第三期时,师从中学政治特级教师、正高级教师方培君老师;第四期时,师从中学政治特级教师、正高级教师阎俊老师,在两位导师的指引下,将自身情感融入教学,借助激情这座桥梁,创设教学情境,进行创造性教学的授课方式,例如情境教学、单元教学、案例教学等,从而激发学生的学习热情。

在此期间,我申报的课题"'五育融合'下劳动教育融入高中思想政治课教学的实践研究",立项为市级一般课题。因为有任务的驱动、项目化的学习、扎实的科研基础,让我对专著《高中思想政治课深度学习研究》的完成有了信心和底气。我把自己多年来在各级各类期刊、著作中发表的教学设计、教学心得、教学论文等有机融入著作中,经过几年来的修改和完善,基本形成了较为完整的高中思想政治课深度学习体系,理论与实践相结合,教学与教研相结合,培训学习与专业成长相结合,清晰了我专业发展的路径。

非常感谢中学政治特级教师、正高级教师方培君老师和上海教育出版社副社长刘芳老师为本书的撰写提供了十分宝贵的修改意见和建议。感谢邹楠和张璟雯老师对本书的策划以及对书稿文字的编辑。

非常感谢华东师范大学教育学部的叶王蓓副教授百忙之中为本书写序,还要感谢上海市宝山中学的金旭峰校长和吴卫忠书记,感谢宝山区教育学院干训部主任陈新、宝山区教育学院前院长曹红悦对我专业发展的大力支持。感谢宝山中学政治教研组,宝山区教育系统高中政治研究团队的老师们对本书撰写的大力支持。感谢所有我任教的学生们,给予我完成书稿的源泉和精神动力!

最后,我要感谢我的家人对我专业发展和工作追求的理解与支持。本书所开展的是高中思想政治课深度学习研究,由于本人的研究能力和水平有限,书中难免存在不妥之处,敬请各位同仁批评指正我。让我们一起努力,一起打造有效的思想政治课堂,深度的思想政治课堂,让思想政治课堂成为一道亮丽的风景线。

朱丽萍

2022 年 2 月 28 日

图书在版编目（CIP）数据

高中思想政治课深度学习研究 / 朱丽萍著. — 上海：
上海教育出版社，2022.6
ISBN 978-7-5720-1417-8

Ⅰ.①高… Ⅱ.①朱… Ⅲ.①政治课 – 教学研究 –
高中 Ⅳ.①G633.202

中国版本图书馆CIP数据核字(2022)第083780号

责任编辑　张璟雯　邹　楠
封面设计　金一哲

GAOZHONG SIXIANGZHENGZHI KE SHENDUXUEXI YANJIU
高中思想政治课深度学习研究
朱丽萍　著

出版发行　上海教育出版社有限公司
官　　网　www.seph.com.cn
地　　址　上海市闵行区号景路159弄C座
邮　　编　201101
印　　刷　启东市人民印刷有限公司
开　　本　700×1000　1/16　印张 11.25　插页 1
字　　数　150 千字
版　　次　2022年9月第1版
印　　次　2022年9月第1次印刷
书　　号　ISBN 978-7-5720-1417-8/G·1119
定　　价　58.00 元

如发现质量问题，读者可向本社调换　电话：021-64373213